Girl
女孩不壞
Man
男人不愛
Bad Girl
林欣屏◆著

前言

無論是「大家閨秀」還是「小家碧玉」，
在人們傳統觀念中，
淑女才是真正的好女孩——溫柔、典雅、端莊、文靜，
這些都是好女孩的修飾語。
而對於那些「壞女孩」、「性感女子」、「風情萬種的女子」，人們往往是側目以視。
而現代社會，
以往的審美趨勢逐漸被顛覆：
「野蠻女友」蔚然成風，
獨身女性越來越多，
「姐弟戀」也開始被人們認可。
在追求個性的今天，
女性開始了展現自我獨特魅力的旅程。

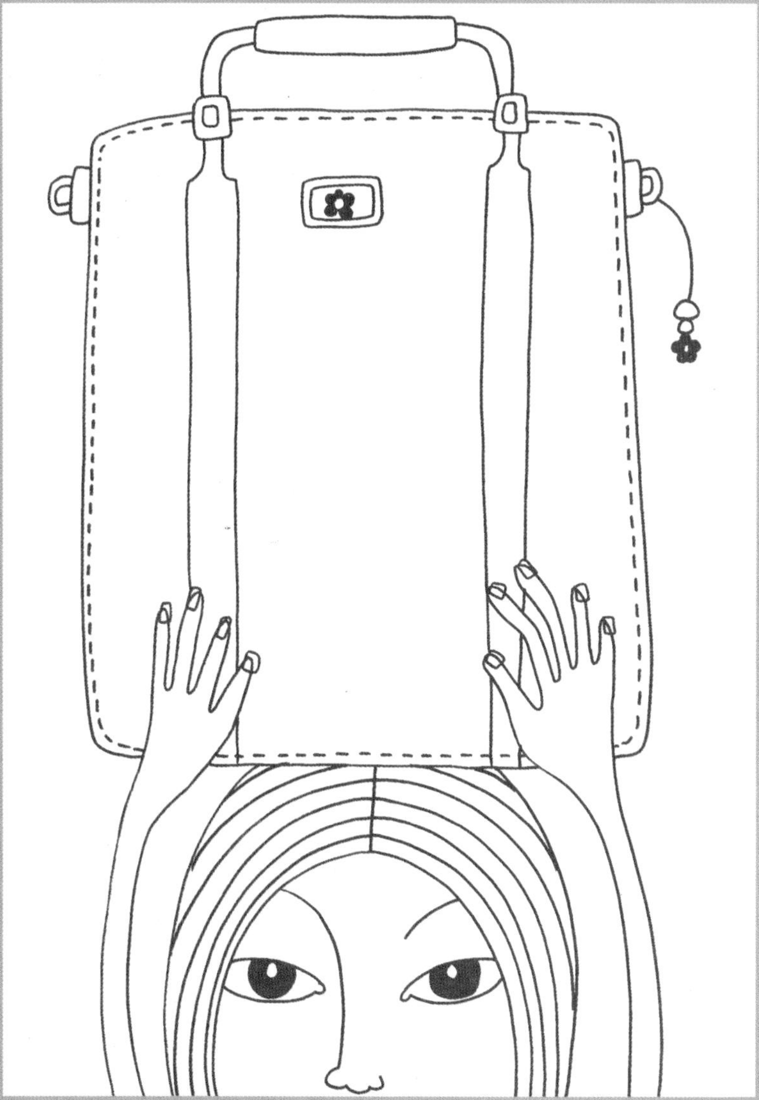

目錄

前言……002
第一章 「壞」女孩對傳統意義的顛覆……008
第二章 影像世界中的「壞」女孩……022
第一節 野蠻型——無須多言，看招！……025
第二節 嫵媚型——回眸一笑百媚生……032
第三節 智慧型——一切盡在掌握……040
第四節 神秘型——猜猜我是誰……048
第五節 冷豔型——妖豔的冷玫瑰……056
第六節 耍心機玩伎倆型——這個殺手不太冷……063
第七節 另類、叛逆型——我的眼裡沒有你……070
第八節 敢愛敢恨型——我的愛對你說……076
第三章 現實世界中的延伸——
如何看待生活中的「壞」女孩……086

第一節　妳希望成為哪類女孩……089
第二節　「壞」女孩，我們需要妳！……092
第三節　女孩們！嘗試變「壞」吧……094
第四節　從一點一滴開始變「壞」……096
第五節　「壞」女孩應懂得把握自己……099
第六節　一起欣賞「壞」女孩……102

第四章　走進「壞」女孩的內心世界……108
第一節　外在與內涵……108
第二節　愛情與自我……122
第三節　親情與自我——家庭與事業……147
第四節　友情與自我……160
第五節　友情與事業……172

第五章　男生們說：「我們喜歡『壞』女孩！」……178

後　記　消費時代的女孩多重奏……190

第一章

壞女孩

對傳統意義的顛覆

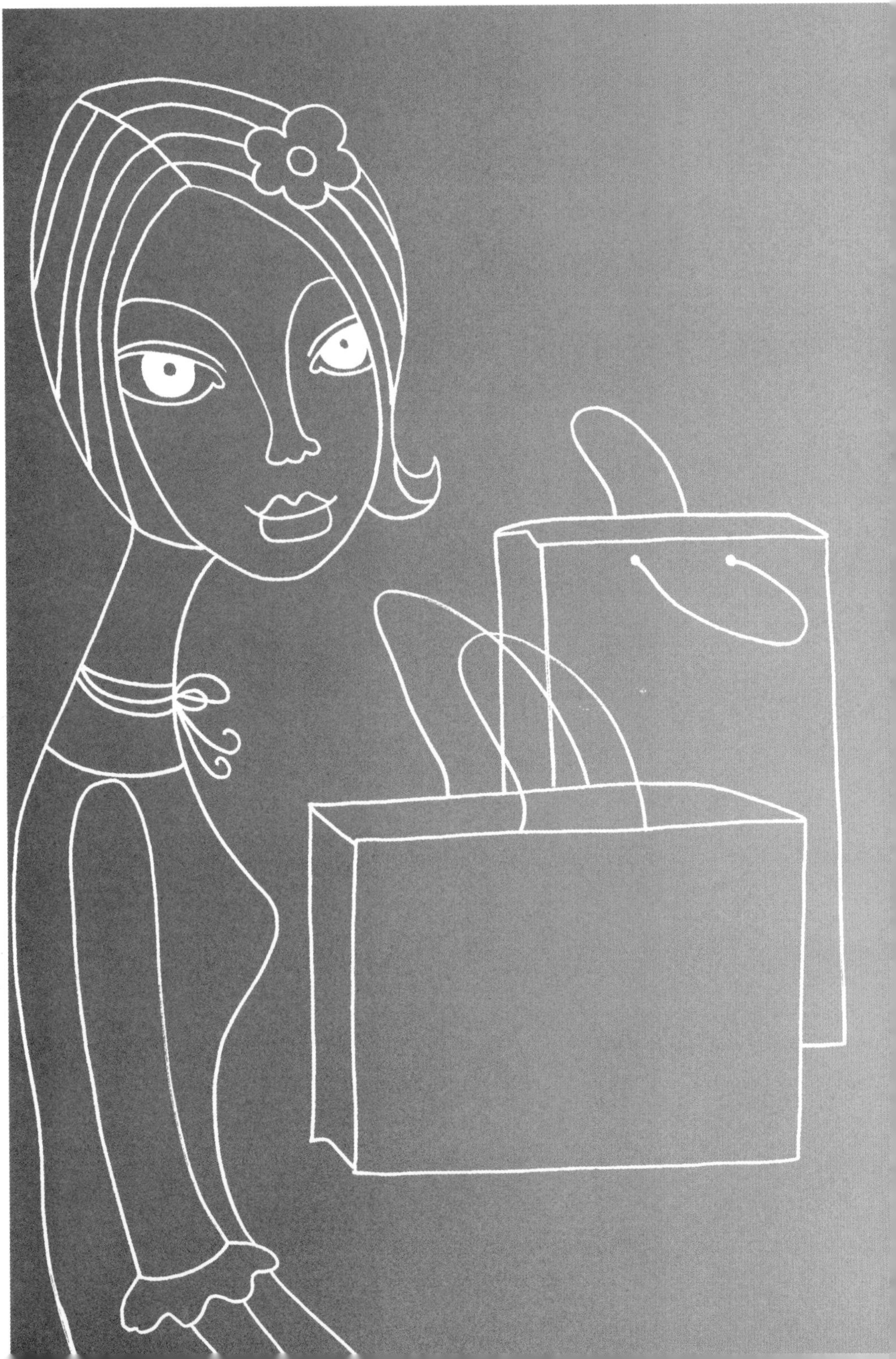

第一章

「壞」女孩對傳統意義的顛覆

搞錯了吧！不是「男孩不壞，女孩不愛」嗎？

嗯！聽起來似乎有些道理。可是為什麼偏要男孩壞，來讓女孩愛呢？女孩難道不可以「壞」上一「壞」，來讓男孩忘我的投入嗎？

咦！那怎麼可以？女孩子就要有女孩子的模樣，溫柔、端莊、笑不露齒，淑女才是好女孩嘛！那些非賢妻良母的「異類」，也就是「壞」女孩，再有魅力，也很難成為好妻子、好母親，甚至賢內助。

唉！過時了吧！現在流行有個性的「壞」女孩，越「壞」越惹人愛，正所謂「女孩不壞，男孩不愛」！

還記得那個異常火爆、風靡全亞洲的「野蠻女友」嗎？一時間，以韓國女星

全智賢為影像代表的「壞」女孩成為新的時尚風。喝醉了酒倒地就睡、自己累了卻「命令」男友穿高跟鞋在光天化日下狂奔、為了讓男友蹺課對老師謊稱自己懷孕……等等，這些「大逆不道」的行徑簡直為傳統「教義」所不容，畢竟在人們的固有思想中，「溫良恭儉讓」才是好女孩。

什麼是好？什麼是壞？沒有一個絕對的標準可以永久的衡量。隨著社會的發展，對於好女孩與壞女孩的評判也是此一時彼一時。提起楊二車娜姆，我們肯定會想到至今仍實行「走婚」的摩梭族。那裡的社會形態類似於原始社會中的母系社會時期的形態，女性是社會的主導。當摩梭族的女孩子喜歡一個男孩子的時候，她會在屋前放一雙鞋，然後那個男孩子就可以和她相親相愛了；而當那個女孩子不再愛那個男孩子的時候，她可以主動的提出來，或使用某種特定的方式暗示那個男孩子，隨後他們的關係就可以結束了。姑且不談摩梭族人感情的純樸，光是這種以女孩子為主導的方式，在我們看來就很「特別」了，甚至在特定的歷史時期這是無法想像的事，尤其對於女性而言。

透過摩梭族，我們可以看到在中國的原始社會輿論對女性的評判——母系社會時女性是主導、父系社會時期女性仍與男性處於相對平等的地位。到了奴隸社會時期，父系社會進一步發展，女性漸漸處於從屬地位，而且有時將朝代的興衰片面的歸罪於某個女性。例如：把商朝的滅亡歸罪於紂王寵愛的妲己身上、把周幽王的昏庸無道歸罪於褒姒身上……等等。隨著儒學逐漸成為統治階級的正統顯學，附加在女性身上的種種要求越來越多，同時「書面形式」也漸漸浮出水面。比如：西漢班昭著《女誡》、劉向開創《列女傳》、唐初長孫皇后的《女則要錄》、宋若昭姐妹的《女論語》……等等，而這也漸漸形成了所謂的「女教」。儘管這些著述並非一無是處，但多多少少給女性建構了一個「好女孩」的框架，將其個性漸漸泯滅在共性之中。

當然在中古時期，魏晉南北朝至中唐前，女性的風采還是別具一格的，很多「壞」女孩也「壞」得相當出色。魏晉南北朝時期是中國歷史上較為混亂的年代，但也正是如此，人們的思想相對寬鬆，女性也獲得了一定的自由與個性的活力，當然戰亂也會給女性帶來一定的苦難。唐朝是中國封建王朝的鼎盛時期，它承繼於魏晉南北朝，同時由於唐朝統治者有胡族血統，且承繼北朝遺風，所以對女性

的禁錮也相對鬆弛，兩性關係比較自由。比如：在歷史的畫卷中，我們會看到身著胡服男裝、袒胸露臂的唐代女性形象。在唐朝的女性中「壞」到極致的應該首推中國歷史上唯一的女皇武則天了，不僅是因為她在男性主導的社會裡成為權力的掌控者，更因為她時刻彰顯著女性的個性與魅力。比如：在她還是唐太宗的嬪妃時，她可以勇敢的馴服烈馬，足見其潑辣、強悍的性格；而在她稱帝之後，她會帶領女性成員祭祖、祭天。此外，在唐代，還有一些有名的女官，如上官婉兒。武則天的行為在當時的社會條件是可以被接受的，甚至是欣賞。她類似於現代版「野蠻女友」的馴馬行為，不但未受責罰，反而得到唐太宗的讚賞。倘若是在宋、明、清時期，恐怕早被當作女性中的異類——「壞」女孩，而被家法處置了。

之後的各個朝代自不必細說，基本雷同，只不過對女性苛求的程度越來越深。宋明理學強調的「三從四德」、「從一而終」、「女子無才便是德」……等等，都加深了女性「同一」的步伐。很難再找到類似武則天式的「壞」女孩，到處是隱忍溫存的賢妻良母、貞女、烈女。當然，不是說傳統的「好」女孩標準全無優點，但多些有個性色彩的「壞」女孩又有何不可呢？女性也需要展現自己的魅力和風采，女性也有自己的脾氣與個性，正如男性也有脆弱的時候，女性也有獨立、強悍的一面。

之後，女性開始和男子一樣接受教育，出現了女留學生、女警察、女官員。現在，女性在社會中扮演的角色更是不讓鬚眉。很多過去被認為是「壞女孩」的行為開始被接受，女性的獨立與嬌美、個性與溫柔、野蠻與深情，更加濃墨重彩的展現在我們面前。

以上所述，並非痛訴女性的血淚史，也並非惡補歷史知識，而是想借此說明，對於「好」女孩和「壞」女孩的區分，並沒有唯一的標準，好與壞是相對的。古時說的三從四德，現代認為是摧殘人性；古時說的不合禮法，現代認為是彰顯個性。當我們在大街上看到越來越多風格迥異的美女時，當我們身邊出現越來越多高學歷、高年齡的獨身時尚女性時，當我們為野蠻女友大行其道迷惑不解時，有個事實正擺在我們面前：現代意義的「壞」女孩已經悄然顛覆了傳統。

既然稱之為「顛覆」，必然有別。正如先前所云，何為「壞」，不同時期會有

不同的標準，也自然會有迴異的眼光和角度。同一事物，不同的人以各自的觀點看會產生不同的結論。同樣的潑辣、強悍，古時認為是異類，非大家閨秀、良家女子，而現在則以欣賞的眼光昵稱為「野蠻女友」。大致來說，傳統意義的「壞」主要是指不恪守婦道，試圖在男性主導的世界裡平起平坐；過於嫵媚，既不溫婉又不文靜；不以夫和子為綱，而是對男性頤指氣指。總而言之，做出超出女性職責和限度的舉動、不符合社會規範（類似「三從四德」等）的女性，如：妓女、妒婦、誤國的寵姬、幹政的後妃、無法成為貞女和烈婦的妖嬈女子等。以小說中的人物形象為例，如：潘金蓮；以歷史上的人物為例，如：妲己和褒姒。而現代意義的「壞」主要是指有個性、獨立，時而嫵媚、時而硬朗、時而嬌嗔、時而怪異、時而似精靈、時而似孩童、時而似天使、時而似女魔。不再只是逆來順受、毫無個性，而是敢做敢為，家庭不再是女性唯一的世界，她們可以和男人一樣馳騁世界。

傳統與現代對同一「壞」女孩、同一行徑的認識與看法大相徑庭，最明顯的例子就是對傳統小說中的人物形象——潘金蓮的解讀。這一女性形象不是真實的歷史人物，而是作者創造出來的，然而也正因為她不是某一人，所以更具有廣泛的代表性，從她身上能看到中國女性的諸多方面。對於這一人物，傳統一向把她解讀為「放蕩、淫亂、無恥」等等，總之，是一個不打折扣的壞女孩。然而以作家魏明倫為代表的現代人卻以一個全新的角度解讀潘金蓮，以傳統的眼光看這無疑是在為這個「壞女人」翻案。從潘金蓮的身上，我們能全面的理解傳統意義的「壞」，無需多言，她就是抽象理論的具體化。在作家魏明倫的眼中，她並非十惡不赦。一開始她也是和所謂的「良家婦女」一樣，有著純真的性格和美好的嚮往，甚至她更為不幸——出身婢女。潘金蓮也很正直，不貪慕錢財，否則當初她絕對可以做張大戶的妾，何苦要跟著武大受罪。女孩都嚮往浪漫的愛情，美女更是如此，所以以現代眼光看，潘金蓮喜歡帥氣、威猛的武松是人之常情。更何況，武大無論從外形還是內在都是很不堪的，和弟弟一比更是相形見絀。和西門慶之登徒子做出苟且之事實屬不該，可是如果她長得奇醜無比，結果又會怎樣呢?想必可以做個安分守己的「好女人」。所以從傳統角度說她「壞」，看來不只是由於行為，更因為她太美、太嫵媚、太有女人味了。或許因為後者正是現代女

性所孜孜追求的，所以同樣的外形得到的評價才是截然不同的吧！

為何隨著時間的流逝，「壞女孩」的傳統意義和現代內涵會有如此大的差別呢？除了客觀因素有所不同以外，女性自身自我意識的覺醒也發揮著決定性的作用，兩者是相互促進、相互影響的。提到客觀環境的變化，前面已經做了一個簡單的概述，可以看到社會經濟的發展、心態的開放程度都會對人們認識問題的角度產生影響。唐代女性之所以較為有個性，甚至出現女皇帝，有一點是可以肯定的，那就是唐代的社會欣賞外向型的、有個性風采的女性。正因為存在這樣的客觀氛圍，女性的獨立意識才有了更適合的發展空間，才有了「肥沃的土壤」。而在宋明兩代，社會大環境對女性的要求和束縛越來越多，女性別具一格的天性被漸漸扼殺。那些純屬正常的、符合人性的行徑反而成了女性自身發展的禁區、包袱。在現代社會，文明程度不斷提高，女性身為「半邊天」，其生活方式、社會地位、主體意識都在發生著深刻的變化，尤其是客觀環境的變化。比方說：全智賢式的「野蠻女友」可以成為被欣賞的對象；「姐弟戀」引領新的愛情時尚；越來越多的女性在過了適婚年齡後，仍享受獨立、愜意的單身生活，而這一切都在被社會認可著。大環境的包容，使女性有了更為廣闊的自我空間，同時也為以男性為主導的社會增添了一些色彩。

而身為女性，其自我意識愈來愈強。隨著生活方式的改變、視野的拓寬，女性開始從男性背後走出來，也開始肆意的展現自我的風采，正如麥當勞常用的那句廣告語：「我就是喜歡！」因為高興，所以可以不理會男性的看法；因為開心，所以可以縱情的享受身為女性的快樂。

「顛覆」不是簡簡單單的概述，它體現在現代生活中的種種方面。最直接的感受就是女性從表面上有了很顯著的改變，衣著、言談、外貌、舉止，無不在流露著全新的光彩。你可以在身邊看到各式迥異但亮麗的女性，她們有的端莊俏麗、有的嫵媚性感、有的俏皮可愛。她們活躍在各個領域，風情中不失優雅純情中不失睿智、嬌媚中不失颯爽。如果你走進她們內心，你會詫異於她們內在的「顛覆」。與「第一性」一樣，女孩也有精神世界的追求，且不亞於男性。

首當其衝的是愛情觀的改變。傳統模式都是「男追女」，女性處於被動地位，猶如商品一樣等著男性挑選，稍有不慎，還有可能被男性奚落、恥笑；倘若婚後

生活不幸，也要認命或成為貞女、烈婦。不禁想到了電視劇《大宅門》裡面的兩個女性人物，一個是主角香秀，一個是配角（想不起名字了）。她們都是出身於婢女，主角香秀是個較有個性的女性，她用自己的勇敢和智慧獲得了幸福和尊重；而配角女孩，她被七老爺連騙帶拐的嫁給了劇中那個最醜的人，從此不再抬頭說話，雖然找到了疼愛自己的好男人，可是由於不夠勇敢，最終含恨九泉。一直以來的被動觀念，使很多傳統女性喪失了主動選擇他人、追求幸福的權利。就算是大膽的祝英台也是要先扮成男裝才可以。而且，傳統觀念認為男孩必須比女孩大，甚至大很多也無妨，而現代社會已經「顛覆」到「姐弟戀」也可以找到真愛，女性年齡增長依然可以擁有魅力、享受愛情。在這一點上表現最明顯的就是女明星、高學歷的女上班族們。

其次是家庭觀念的變化。傳統觀念一向把女性視為家庭的主力軍，甚至女性在結婚後就要做一輩子的全職太太、全職母親、全職女傭。一切以丈夫為核心，連對外活動也是在為丈夫服務。女性的生命和主體性完全融入到了家庭中，失去了自我，而且是永遠地。而現代家庭，女性開始盡情地享受其中的快樂，像男性一樣。家務事，男性也逐漸分擔；「男主內、女主外」也不再是什麼新鮮事。女性有了更多的施展空間和自由度。

再次是社會角色的轉變。傳統觀念中女性的角色只有兩種——賢妻、良母，除了圍著丈夫和孩子轉以外，別無他求。而在現代社會，女性的社會角色不再那麼單純，她們也和男性一起進入職場，展現女性果敢、幹練的一面。於是，不再只有男總統、男上司、男老闆。而且隨著時代的發展，女性對個人事業的追求，看得越來越重要，甚至超過了愛情、婚姻、家庭。時常可以看到事業成功但依舊孑然一身的女性，這不是一種痛苦，相反，是一種實現自我價值和理想的快樂。

最後是自身個性的「顛覆」。傳統意義賦予女性很多優美的辭彙，例如：典雅、溫婉、清秀、賢惠、含蓄、內斂……等等，確實，這些辭彙很貼切的詮釋了女性柔美的一面，然而，與此同時卻忽視了女性的另一面，例如：剛毅、果敢、颯爽、潑辣、幹練、強悍……等等，這些辭彙不僅屬於男性，在現代社會，女性也正以別樣的風情進行演繹。或許，也正因為如此，女性形象才顯得愈加豐富、立體。畢竟男人設想的女性和女人自己勾勒的女性是截然不同的。女性自我有了

主動的需求，也有了更積極、健康的狀態，所以我們能夠在現代社會感受到女性別具一格，甚至是另類的美，所以會有更多的「第一性」情迷「壞」女孩。

所謂「顛覆」，並不是說傳統意義的好女孩一無是處、摧殘人性，而是對女性內涵的豐富。女孩的特質不止一種，各有各的好，好也罷、壞也罷，都應以欣賞的眼光看待。或許，我們看久了淑女、「好」女孩，所以「壞」女孩才會格外的引人側目。就像同一件衣服穿久了會令自己感到乏味一樣，總是一副面孔和表情又有什麼意思呢？女孩是水，潺潺溪流縱然令人舒適，但瀑布、江河依舊可以闡釋另一種美，不是嗎？

女孩們，放開點吧！請恣意的展現自我，因為「壞」是自信與魅力的代名詞！

第二章

影像世界中的壞女孩

第二章

影像世界中的「壞」女孩

多元化的社會是每一個人呈現絢麗多彩的舞臺，既是演員又是觀眾。誘惑很多、選擇很多、變化很多。更具體地說，女孩，不再是舞臺上的配角，而是搖身一變成了眩目、靚麗的女主角。她們時而自信獨立、時而成熟嫵媚、時而精靈鬼怪，耀眼的女孩們以自身的獨特逐漸主宰了我們的視線。尤其是那些不按牌理出牌的「壞」女孩，總會在不經意間給你一個激靈，然後狡猾的衝著你壞笑一下——提醒你注意到她的存在。

身為社會中不容忽視的「第二性」，在日益彰顯個性的今天，孰是孰非已不再只有一個唯一的標準。可以如山間野百合般清純、羞澀，也可以如玫瑰般豔麗、奪目，別樣的風情，一樣的多姿。與傳統社會中規中矩的女性相比，現代的「壞」

女孩會和朋友們在KTV的包廂唱到口乾舌燥，會和男孩們稱兄道弟、把酒言歡，會在競技場上巾幗不讓鬚眉，會沈浸在自我的世界中全不在意外界的一切批評，會穿上俏麗性感的衣裝「招搖過市」，會點支香菸在吧台的一角自斟自飲。

前幾天，無意間上「校友網站」瀏覽一下，看到了一篇超長留言，內容是有關大學時的一位密友。饒富興趣的拜讀後，除了會心一笑外，還有無盡的回憶。每次都能在宿舍聽到她剛進樓門時的爽朗笑聲（注，我們的宿舍與樓門是大對角，且是最高的樓層）；距離十公尺之外，就能見到她燦爛的笑容；時而如貴婦般身著傳統服飾、時而活潑的如吉普賽女郎；從來不見運動的她，跳遠時能躍出兩米遠、跑步時能得前三名；文采飛揚的她，不時地能在報刊上見到她的文章；周旋在兩個以上的男友間，是個神秘的「戀愛中的寶貝」；一直以為從未有過傷心事的她，會突然在上課時埋頭痛哭；遊刃有餘的工作之餘，還兼著自由撰稿人的身分，忙得不亦樂乎。留言中讚她「貴婦氣質中流露些許放蕩」，的確，她恣意但不低俗、多情亦癡情，像一團熱情的火焰卻看不到焰心。甚至有學妹們以豔羨的口吻說沒人能與之匹敵。亦正亦邪的她快樂的享受著自己的世界，「壞」女孩總是被人寵愛著。她的男友曾為了讓她能在隔天早上喝到熱的補湯，守了一夜；豔陽高照下，男友會心甘情願的騎車戴她三個小時，只因她想感受一下。別氣惱，現在流行「壞」女孩！

羨慕她多采多姿的「壞」女孩生活，其實放眼望去，現代社會活得最快樂、最自我的恐怕就屬「壞」女孩一族了。記得不久前看到一篇文章，歷數了時下最為喜好「男色」的「老美女」們。談笑之餘，不難感受到現代「壞」女孩們的快樂與放縱。所謂的「老美女」是指三十歲以上的美女，她們依舊年輕、貌美，不在乎傳統眼光的界定，活出真實的自我。黛咪・摩爾與相差十幾歲的男孩戀愛，並準備為其生子；關之琳至今獨身，盡情享受戀愛的美妙；妮可・基嫚與阿湯哥離異後，更加迷人，不僅事業有成，而且為男性的「夢中情人」；徐若萱出道十多年，仍然俏麗迷人，絲毫看不出歲月的痕跡；徐靜蕾告別偶像演員的瓶頸，一躍成為才女導演。或許明星的生活離現實中的我們有些遙遠，其實這些招人愛的「壞」精靈們就在我們身邊，並不陌生。像大學時期密友那樣的「壞」女孩們以她們特有的風采為生活點綴著亮麗的色彩。

你喜歡什麼樣子的「壞」女孩？「壞」到什麼程度才是最令人心馳神往的？怎樣的女孩才算是「壞」的典範呢？無法用一句話表述清楚，因為每個人心中都有自己勾勒的圖像，或許孤傲、或許妖嬈、或許另類、或許叛逆。然而，這些辣妹們一樣的出色、一樣的「壞」得有力度、一樣的引人側目。一切不必多說，且聽下文分解吧！

第一節　野蠻型——勿須多言，看招！

這類辭彙聽起來似乎不大適合形容女性，然而這的確是現今最炙手可熱的時尚——野蠻型。除了「野蠻」派掌門人——全智賢的「風頭」至今仍保持極高熱度外，可以隨處見到其追隨者——無論是報章等平面媒體，還是活躍在螢光幕上的影視人物，又或是生活在現實中的眾多姊妹。或許會有不少「受苦、受難」的男士們大聲疾呼：「蒼天啊！這究竟是怎麼了？」其實也沒有什麼大不了的，只不過是女孩的「內在潛能」被「挖掘」出來了。傳統社會時的審美觀被漸漸束之高閣，告別了過去，開始了新的自我。夏娃和亞當一樣是充滿個性魅力的獨立個體，並不附屬於任何一方。女孩們也有自己的性格、好惡、理想，只是在傳統社會被壓抑太久了，以致於社會輿論都要質疑：這是女孩嗎？所以被無奈的冠以「野蠻」女孩的稱謂。或許連女孩自己都要想一想：我真的很不像話嗎？當然不是如此，發自天性的魅力具有永恆之美，不論野蠻還是文靜。

在「神啊！救救我吧！」的祈禱聲中，越來越多的男孩「陷入」了其「野蠻女友」愛的「魔掌」中欲罷不能。或許這正是「壞女孩」的魅力所在吧！還記得《我的野蠻女友》中「野蠻女友」為了使其男友翹課而對老師撒謊說她懷孕的情節嗎？她的男友想對老師說明真相，卻被女友一隻胳膊夾住了脖子，然後像挾持人質一樣給擄走了。真是猛呀！若是按照傳統思維，這是根本無法想像和接受的——一個女孩子怎麼能編這樣的假話？怎麼能像男孩子似的以武力相向呢？的確有些令人瞠目結舌，可是她那種率性而為、不做作的風格卻也十分惹人喜歡。因為真實、真情，所以可愛。

如果仔細留意一下我們日常接觸的影視作品，相信你會發現「野蠻女友」在銀幕上大行其道。無論是古裝版還是現代版，溫婉文靜的女孩越加少見。英姿颯

爽的女警察、活潑俏麗的大學生、潑辣驕縱的古代公主，女孩身上那股「野」味被渲染得越加迷人。時下中國大陸正在火熱上映的《花腰新娘》中的女主角就是一個少數民族版的「野蠻女友」。為了贏得愛情、為了戰勝情敵，男主角阿龍想和他的「野蠻女友」鳳美成為名正言順上的夫妻，結果反被鳳美揍得遍體鱗傷。看來找個「野蠻型」的女友的確令人又愛又恨呀！影片中的鳳美由於從小喝馬奶長大，所以頗具野性，但內心純樸、善良、正直、熱情。她會因為生氣而將自己倒掛在房梁上；會因為想進舞龍隊而一口氣跑上一萬米，然後大口大口地嚼黃瓜、等同伴；會為了女子舞龍隊的尊嚴和男子舞龍舞獅隊的挑釁者赤膊上陣、一決高下。此等「巾幗不讓鬚眉」的行徑絕對屬於「野蠻」派的代表風格。若再往前細數，會發現影像世界中的「野蠻女友」各個都很有吸引力。以國內影視作品中的人物形象為例，從古至今一直廣泛流傳的想必就是花木蘭了。女扮男裝，代父從軍，和男孩一樣拼命戰場，關於這位「野蠻型」女英雄的影視版本很多，而且很多女演員都樂於飾演這一角色，可見這位古裝巾幗在現代女性心中的分量還是很重的。

談到野蠻，不禁令人想到孔武有力、拳腳相向等力量型辭彙。在所能想到的古裝版「野蠻女友」中，似乎每一個人都是能打、能殺的。比如《臥虎藏龍》中的玉嬌龍，不僅武功了得，脾氣更是驕縱，不時地進行武力「制裁」。方世玉的母親苗翠花在諸多影視劇中也都是外向、潑辣的風格，比如關詠荷飾演的《苗翠花》，從不按牌理出牌，也不會傳統淑女的行為作風，結果總是被嘲笑，但她不自卑，反而不時地用拳腳解決問題；而蕭芳芳主演的苗翠花雖然是個配角，但生動活潑，總是在危急時刻打抱不平，不似傳統女性那般「知書達理」。

談完了「古」，就要說說「今」了。在中國現代的影視劇中，要說最「野蠻」的，當屬女警察了。比如王學兵、苗圃主演的《永不沈默》中，苗圃扮演的女警性格直爽、灑脫，有點「假小子」作風。尤其在辦案的時候，更是全副武裝，絲毫不遜色。而在《求求你，表揚我！》中，苗圃演的女警更是登峰造極，不但以百米衝刺的速度狂追罪犯，而且其「威懾力」對王志文扮演的男友也構成了心理壓力——女友一生氣就狂揍拴在客廳的沙包，而上面畫著他的臉。還有馬蘇主演的《夏天裡的春天》，女主角也是十分的性格，雖然不是女警，但鬼靈精怪，經常

把男友弄得丈二和尚摸不著頭緒。

要說國外影視作品中的「野蠻女友」，首推韓國全智賢所扮演的角色。其中之一當然是他的代表作《我的野蠻女友》中那個百變「壞」女孩，經常將男友「折磨」得欲哭無淚、「痛苦並快樂著」。在影片中，她「花樣」百出，弄得車太炫扮演的男友狼狽不堪，然而卻在心底深愛著她。另一個角色就是《我的野蠻師姐》中充滿工作熱情的女警，第一次和男主角相遇就給對方「臉色」瞧瞧——不僅把他誤認為小偷，還用各種「酷刑」懲治他，比如用肥皂水洗眼。之後，當然是男友跟她「歷經磨難」，卻義無反顧的更加愛她，正所謂「女孩不壞，男孩不愛」！第二把交椅應該是扮演《我的老婆是大佬》的女主角，雖然並不時常用各種手段折磨老公，但那種統領一幫男子的氣勢，足以給另一半留下「野蠻」印象。而在西方的影視中，《查理的天使》中美豔而身懷絕技的三個私家偵探應該算是一個代表，她們也可以歸在女警這一類。在影片中她們的「野蠻」主要用來對付壞分子，並非用來「愛」男友，然而大體來說她們的風格應當是秉承了「野蠻派」的門風，這一點東西方的差異不大。

縱觀國內外「野蠻」之潮流，女性開始在以男性為主導的世界中大膽的展示自己強悍、颯爽的一面。而社會大眾，尤其是男性，也開始以一種欣賞的眼光來看待多變的女性。影像世界為我們展示出了這種變化，提供了可以比較、模仿的人物形象。她們雖是虛擬的，卻也是真實的，因為她們就在我們身邊。大體來說，野蠻型的女孩外表粗獷、暴力，實則內心善良、質樸。也正因為如此，她們的「受氣包」男友才會心甘情願的被「征服」，因為他們愛「野蠻女友」善良的內心、豐富的情感。這也正是野蠻型女孩「壞」的魅力所在。比如：在《我的野蠻女友》中，癡情的「憨牛」總是無法忘懷讓他備受折磨的「野蠻女友」，就是因為他看到了她內心的脆弱、敏感、無助。雖然外表灑脫，但心思依舊深沈、多情，所以「憨牛」願意接受她的「蹂躪」，並真心的愛她。而在《花腰新娘》中，鳳美總是破壞傳統的規矩，給阿龍帶來很多麻煩，但鳳美的純真無邪、熱情率真也給傳統帶來了些許活力與新鮮的氣息，而這也正是吸引阿龍的「魔力」所在。野蠻型女孩的「壞」在傳統意義看來無非是不循規蹈矩、不賢良淑德，有點類似於「河東獅吼」的感覺。於是，它被歸於「負面教材」的範圍裡。其實，這種類型的

女孩並不是真的在品行上有什麼大問題，相反，她們內心多半是十分傳統的，只不過經常用「野蠻」的外表作為掩飾。所以，她們時常令人覺得判若兩人，一旦瞭解了她們的內在，就會有如深陷泥沼之中，無法自拔，越愛越深。

閒暇時留意一下我們的生活，你會發現很多有意思的事。類似於「野蠻女人、受氣男人」的情景，也許會讓人忍俊不禁，但事實上他們是和諧而從容的。或許在旁人眼裡，男孩是怕女孩，實際上是一種愛，一種包容的愛。而在看待野蠻型「壞」女孩的時候，應當以一個全新的角度去欣賞。那也是一種愛，一種深藏的愛。不要只是從表面上去判斷，因為在這類「壞」女孩反傳統的外表下是一顆善良而純美的心是一份深沈而真摯的愛。

在大家的腦海中，野蠻型「壞」女孩總是在對男孩頤指氣使，活生生的一個現代版潑婦，然而其內心卻是神秘的。時常見到這類女孩在「野蠻」之後，露出純情的笑容。時而低頭不語、時而細膩感傷。那是藏在「野蠻」外表下的另一個真我，「野蠻」是這類「壞」女孩享受生活、感受快樂的一種特別的方式。她們以自己與眾不同的風格表達感情、體味生活，同時也在讓生活感受自己、展現自己。有了她們，世界多了一分亮色彩！

女孩們，如果妳想恣意自己的外在、如果妳想在愛情上感受一下「壞」的樂趣、如果妳想做一個率性而真心的自我，請勇敢地加入野蠻派的行列中吧！一起感受影像世界中「壞」的真諦。那是另一個鮮活的自我，嘗試放縱自己的身心吧！

男孩們，如果你喜歡「野蠻女友」、如果你已經有「野蠻女友」、如果你「陷入魔掌」無法「逃脫」，請先深呼吸，然後輕輕的閉上眼睛，用心感受她內心深處的愛吧！因為那才是真正的她。

第二節　嫵媚型——回眸一笑百媚生

誘人的眼神、性感的嘴唇、曼妙的身材、指尖流露出女性特有的細膩、步態展現出婀娜的嫵媚，這一切都勾勒出了一個風情萬種嫵媚型女孩的特質。無論你做何感想，嫵媚型女孩總會停留在你的視線中，久久的縈繞在你的腦海中揮之不去，因為的確有種撩人的美在空氣中散發著。正如我們總是會想起《花樣年華》

中被各式各樣旗袍包裝的、充滿女人味的張曼玉，她的嫵媚溢在眼神、蕩在指尖，在她邁著輕盈婀娜的步伐、擺動旗袍下纖細的腰肢走下一層層臺階的時候，「嫵媚」早已被發揮得淋漓盡致了。

嫵媚，幾乎是「有女人味」的代名詞，然而，女孩「嫵媚」是好、是壞，「有女人味」是褒義詞還是貶義詞，傳統與現代有著截然不同的看法與解釋。從我們所熟知的古代人物中，嫵媚型的女孩絕大多數是被視為「壞」女孩的，因為她們太有女人味、太具有誘惑力了。在中國傳統文化中，好女孩、正經女孩，應當是素面朝天、不施粉黛、端莊矜持的。然而，嫵媚型女孩卻是充滿魅力、亮麗妖嬈的，於是乎傳統意義多半認為此類女子若非善類即為禍水。比如大名鼎鼎、如雷貫耳的潘金蓮。她是一個從小被賣到有錢人家的苦命女子，因為生得太「女人」了，為她此後的人生留下「無恥淫婦」的惡名。因為她嫵媚，所以張大戶想納她為妾；因為她嫵媚，所以諸如西門慶的登徒子想盡方法的勾引她；因為她嫵媚，即便是心有苦衷，也會被認為是風騷、淫蕩之流。可是，她骨子裡真的是那種故意賣弄風騷、勾引異性的「壞」女孩嗎？恐怕未必。在現代審美觀中，「嫵媚」

被漸漸的「平反」了，越來越多的女孩開始動心、開始盡情展示自己身為女性所特有的魅力——嫵媚。高跟鞋、吊帶裝、低腰褲、緊身衣，還有髮型、妝容，都愈加追求誘惑性，希望能在視覺上吸引更多的「目光」、「回頭率」。這些不再被大驚小怪，也不再被指指點點，反而被當作追逐的時尚，不僅是男性，特別是女性自身。有魅力不是件壞事，因為妳就是女孩！於是，社會都認可了這個現象：女孩嫵媚，才有吸引力；女孩「壞」，才有人愛。

不信的話，瞧瞧影像世界中的嫵媚女郎是怎樣的「壞」，又是怎樣的被愛吧！《花樣年華》中的張曼玉雖然被影片中的丈夫背叛，但她婀娜的身姿、優雅的肢體，足以讓所有的人愛戀，不僅是戲中的梁朝偉，還有生活中欣賞嫵媚型女孩的你我他。當然她不能算「壞」，在她的眼神中還流露著一股哀怨、一份無奈。還記得《紅玫瑰白玫瑰》中的陳沖嗎？她與葉玉卿飾演的「白玫瑰」截然相反：神秘、嫵媚，給人感覺激情、女人味十足。在影片中，她始終是男主角振保放不下的愛戀，儘管家中有賢惠、溫良的妻子，但還是對嫵媚型的「紅玫瑰」充滿激情。於是，「紅玫瑰」充當著情人的角色，因為她是嫵媚的「壞」女孩，所以很

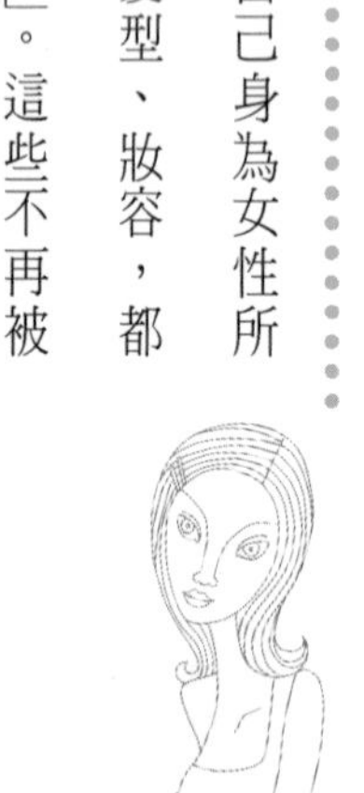

難成為被傳統接納的好女孩。然而，不可否認的是，她是美的、是具有誘惑力的，就連她叼菸捲的形象都充滿著魅惑的美。如果提到小S的話，大家一定會記得她招牌式的翹臀，那可是她日積月累練就的。「翹臀」本身就是成為嫵媚型女孩的一個標誌，倘若不夠女人味，又如何談得上嫵媚呢？在一期《精品購物指南》中還看到小S被評選為「中國最美五十人」的第三名，僅次於嫵媚派的掌門人張曼玉。由此可見，嫵媚型女孩在現代社會中是被當作美的化身的、是被欣賞的眼光看待的。記得前不久參加大學生電影節的開幕式時，「萬人迷」陳好以嘉賓出席。有意思的是，女性觀眾的反應一般普通（對王志文的關注力較高），而男性觀眾的反應則十分熱烈。究其原因，雖然女孩對她並不反感，但由於自身不如其魅力指數高，難免在心理上有些許排斥感。而男生則為見到嫵媚的「萬人迷」歡呼雀躍，因為她有女性的魅力，又有迷人的「女人味」。於是，女孩效仿著、男孩沈醉著。一直對陶虹扮演的來雙揚印象深刻，她將頭髮隨意的夾在腦後，前面有幾綹頭髮隨意地輕垂下來，雙腿露在裙子外，蹺著二郎腿，嘴裡叼著菸。這在傳統角度看，絕對是個「壞」女孩。而以現代審美觀的角度來看，來雙揚充滿女人的風情，渾身散發著柔和的魅力。當然，這些僅是冰山一角，卻足以展現嫵媚型「壞」女孩合乎天性的美。那是自然的魅力、是上天賦予女性的特權，就像男孩應當陽剛一樣，女孩嫵媚是天經地義的，而且越「媚」越美。所以也就不難理解為何現代審美觀有「女孩不壞、男孩不愛」了，這裡的「壞」就是「媚」呀！

找到了這一根源，再放眼看看周圍的「萬紫千紅」，一切盡在不言中。冬天的風再凜冽，仍能在大街上見到身穿漂亮裙裝的「不畏嚴寒」的女孩；夏天剛到露個小臉，就可以欣賞到清涼風景，眼睛吃「冰淇淋」；即便很累，也要穿上高跟鞋，因為可以增添「女人味」，別具風情。曾有位仁兄勇敢地說了句「肺腑之言」：夏天真好，女孩子穿得更漂亮了！除了覺得這位老兄真的很實在以外，內心也確實深有同感。現代社會的時尚女性的確是一道亮麗的風景，在展示各自獨特風采的同時，也都自信的施展女性特有的風情——嫵媚。記得那首《20、30、40》的歌曲嗎？20歲的李心潔活潑俏麗中有股少女的嬌媚，30歲的劉若英自信內斂中流露著魅惑與感性，40歲的張艾嘉成熟端莊中可見溫柔優雅。年齡不同，嫵媚依舊。因為如此，女孩才成之為女孩。嫵媚不是只代表具有「挑逗性」，它更多

的是體現女孩的內在——一種女性特有的不經意間流露出的美。翻閱各種女性時尚雜誌，各種類型的漂亮美眉躍然紙上，無論是哪個國度，充滿女人味這一點是相同的，而這也在引領著眾多美眉更加亮麗、風情萬種。美是大家有目共賞的，總是會在有意無意間將眼神「駐足」在迷人的風景上。大家以欣賞的眼光看待嫵媚型的女孩，不只限於對影像世界中的女性，更多的是生活在周圍的「壞」女孩。不知是否留意過在我們身邊的嫵媚女孩，記得剛剛入夏的時候就曾見到過一個20多歲的女孩身著露背吊帶裙，真的是清涼、性感。在佩服她「勇猛」的同時，也會被她的嫵媚折服。不同的風格依然可以塑造出嫵媚的風情，前幾天曾見一個女孩穿了一件中式旗袍服裝，典雅、迷人，自有一種不露而性感的魅力。如果你時常留連酒吧，相信你會見到充滿各種風情的女孩，有的在纖長的指尖中隨意的夾上一支香菸；有的手持酒杯偶爾輕酌，杯壁上會留下淡淡的唇印；有的時而輕談、時而淺笑，優雅中流露出些許神秘。這就是我們生活中充滿真實感的「壞」女孩，她們盡情地享受著身為女性特有的愉悅，為自己的容貌美麗著、為自己的快樂嫵媚著。

與傳統相比，現代社會對嫵媚型「壞」女孩賦與了更多的鼓勵和欣賞。從古至今，有女人味的女孩都是有吸引力的，只不過在傳統社會，更多的是負面評價，有時甚至會留下不公正的惡名。在歷史中就有「禍水」一說，而這主要是指過於美豔的嫵媚女子，如褒姒、妲己。不能說她們絕對無辜，但不可否認，因為太有女人味而使得君王迷戀，這也是為傳統所不容之處。因為潘金蓮太過美豔，即便她有各種可以令人理解的苦衷，仍為千夫所指、萬人所罵。在現今，人們追逐著美，男性孔武有力，女性嬌媚迷人。更重要的是對美的評價，更加符合人性。在多元化的今天，每一個人都在展示著個性，而女性身為社會的「半邊天」，她們也在以各種方式證明自己的存在，美的標準不是唯一的。外在的嫵媚、風情與內在的品行並不是絕對統一的。女孩可以和男孩一樣有能力、有主見、有個性、有自我，同時，夏娃畢竟不同於亞當，她具備自己獨特的美，盡情、恣意地展現出來才符合上帝的旨意。這樣的「壞」是迷人的，這樣的「壞」是應當被欣賞的，這樣的「壞」正是女性所特有的。

曾和朋友探討過對「萬人迷」陳好的感覺，只因在街頭的報亭瞥見了她的一

幅玉照。兩眼放電、嫵媚入骨、風情萬種。以純理性的角度分析，我似乎更喜歡孫俐那樣的純情百合，不否認「萬人迷」的魅力確實容易讓人迷醉，然而身為同性，難免有些相斥。可是也有身為同性的朋友卻對「萬人迷」讚不絕口，覺得這種成熟嫵媚的女孩即便上了年紀依舊會光彩奪目，就像伊麗莎白・泰勒。朋友篤定地說，女孩嘛！就應該「女人味」十足，再純情的女孩年老時也比不上嫵媚型女孩的，舉手投足間盡顯女性特有的「繞指柔」風韻。半信半疑間，確實對嫵媚型女孩又有了一個全新的感受。盡管說男孩與女孩的審美觀不同，雖然也有和我一樣喜歡純情小百合的男孩，但大多數的男孩會對嫵媚型的「電眼美媚」情有獨鍾，不然朱德庸先生怎麼會用「萬人迷」來作為女主角的名字呢！

女孩們，倘若妳想享受一下身為女性的美、倘若妳想在眾人面前展示妳優雅迷人的媚態、倘若妳還有很多想穿而不敢穿的衣裝，就來快樂的「壞」上一「壞」吧，相信妳是不會失望的。「嫵媚」天生與女性聯繫在一起，何時聽說過用這個詞來形容男孩？所以，不要辜負了上天對女孩的恩賜與眷顧，盡情的展現靚麗的自己。「壞」與「嫵媚」並不衝突，也並非嫵媚的女孩就一定是「壞」的。嫵媚也需要靈性、也需要智慧、也需要內涵。「壞」是形容女孩嫵媚得有味道、有個性。每一個女孩都有自身的「媚」，都可以「壞」得猶如魔鬼與天使的化身。

男孩們，倘若你愛這些亮麗、充滿風情的「風景」，就請以讚美的眼光欣賞吧！當然還要多些尊重與審美。嫵媚型的「壞」女孩們以自己特有的感受詮釋著時尚氣質，表達著自己內心的情感和對外界的感受。請不要輕易的對她們做出評價，因為她們是我們身邊不可或缺的漂亮、迷人的「精靈」。

第三節 智慧型——一切盡在掌握中

銳利的眼神、幹練的舉止、得體的談吐，這些或許能夠在頭腦中勾勒出一個智慧型女孩的大體形象。她們出現在各個領域，從古至今，總能尋找到她們的身影。智慧，顧名思義，代表著精明強幹、聰慧練達。在大小不一的媒體中我們總能看到關於職場女性的內容，從服飾、妝容，到讀書、禮儀，無所不在。倘若問你：在你的眼中，智慧型女孩是怎樣的，你會做怎樣的描述呢?諸如高學歷、管理階層、高齡、獨身、高傲、洞察力極強等等。在一般人眼裡，智慧型女孩具有

和男孩一樣聰慧的頭腦，甚至更為精明、內斂，眼神中總是充滿深邃，似乎總叫人看不透、摸不著。記得劉若英在《似水年華》中的感覺嗎？恬淡中蘊含著自信、內斂中流露著聰穎、無言勝似千言萬語。

隨著現代社會女性意識的增強，影像世界中的智慧型女孩越來越多、越來越優秀。女性不再只是躲在男性背後，不僅獲得了接受教育的同等機會，而且和男性一起出入職場、爭奪天下。充斥螢幕上的不只是現代智慧型女孩的故事，還有歷史上有名的聰慧型女性。比如：武則天、上官婉兒。尤其是中國歷史上唯一的女皇帝——武則天，關於她的影視作品不勝枚數，版本也有很多種。應該說，武則天算是一位智慧型的女性，不但具有女性應有的柔媚，更散發著幹練、精明、強硬的男性氣質。從歸亞蕾詮釋的《大明宮詞》到王姬演繹的《狄仁傑》，從潘迎紫版的武媚娘到新晉偶像賈靜雯版的充滿現代氣息的武則天，雖各有千秋，但有一點是共同的——智慧。如史詩般的《大明宮詞》塑造了一個更為貼近歷史的女皇帝，有時似慈母、有時則為政治家，從她淡定的眼神中看到的是一個無邊的世界，似乎永遠看不到盡頭。而賈靜雯以戲說的方式為我們呈現出了一個現代版的充滿獨立意識、善良而又滿腦子智慧的機靈女孩——武媚娘。其實，歷史上還有許多具有不遜於男子聰明才智的「才女」，例如：漢代的班昭，她的文學造詣絲毫不差她的父兄；唐代的上官婉兒，在則天皇帝身邊做女官，處理政事的能力和文字功夫令世人稱道；宋代的李清照更是家喻戶曉，她是婉約派詞人的代表，雖然命運悲苦，然而其作品廣為流傳，是一位名副其實的「才女」。

在對女性束縛、壓抑較重的封建社會尚且有這麼多聰慧女性，在我們生活的現代社會，在女性越來越彰顯個性與才能的今天，智慧型女孩越來越多的出現在我們身邊。讓我們先看看影像世界中的她們吧！從近代說起，例如：《人間四月天》中的林徽因（周迅扮演）、《宋氏三姐妹》中的宋慶齡（張曼玉扮演）。說到現代，更是不勝枚數，真實的人物就生活在我們的身邊，影像世界中的角色就是對此很好的詮釋。又如《似水年華》中的劉若英，自然得像空氣一樣，然而你可以在她的隨意中窺見她的內斂與聰慧，和舉手投足間流露出的獨立與自信。再比如前陣子熱播的《女才男貌》，其中的談孤鴻（於娜飾演），美麗的外表下是一顆有追求的心，她自己設計服裝，不甘心只是一個T型臺上的模特兒，用自己的才

華開創了一片事業的新天地。還有諸如《一米陽光》中的伊川夏（孫俐主演），儘管故事各異，但依然能從中看到智慧型女孩的風采，她們越來越被世人認可，愈加的成為社會的一道亮麗風景。

再多的螢光幕上的形象也都是來自於我們的生活，她們真實的存在著，有的知名、有的默默無聞，然而共通的特質是相似的：聰慧、幹練、精明、果敢。就像鳳凰衛視的知名記者閭丘露薇，像其他男性記者一樣，在戰場的邊緣出生入死，憑藉自身的智謀化解一個又一個的危機與難題，最終不僅贏得了同行的稱道，更為女性，尤其是華人女性，贏得了尊嚴，她是令人欽佩的「戰地玫瑰」。智慧型的女孩並不是全然都是男性的特質，那是「假小子」。真正的智慧型女孩在英姿颯爽的同時，絲毫不減女孩的魅力。一樣的柔媚、一樣的婉約、一樣的風姿綽約。只是內在更為豐富，底蘊更加深厚，恰似一池泉水，充滿靈性。

一般來說，人們通常把智慧型女孩解釋為「女強人」、「高傲的孔雀」、「孤芳自賞的高齡女子」等等。誠然，由於自身的「智慧」，多少失去了其他女孩一般的快樂，但不可否認的是她們是光彩奪目的。比如姜豐，當她從獅城載譽歸來的時候，相信沒有人會否定她的「才女」稱謂。她在「舌戰」中侃侃而談、應對自如，其頭腦和容貌一樣出色，令人為之折服，時至今日，身為智慧型女孩的代表，她仍是現代女孩心目中的楷模。還有她的前輩楊瀾，從央視到美國攻讀碩士學位，再到陽光衛視，每一次從媒體中見到她都是自信、從容，面帶智慧的微笑，一切盡在掌握中。將智慧型女孩和「高學歷、孤傲、厲害」等詞語聯繫在一起是可以理解的，正所謂「曲高和寡」，因為自身太聰慧了，多半只好沈醉在自我的心靈世界中。你可以說她們「反傳統」，因為她們和男孩一樣平分秋色，甚至居高臨下；你也可以說她們不像女孩，因為她們有時比男孩還要精明、厲害，甚至統領男性；你也可以說她們「壞」，因為有時男性無法再感受到優越感，無論是知識，還是能力，但這才是真正迷人的女性，沒有寶藏般的內涵，再亮麗的外表也會淪為男權社會的玩物。

在傳統社會，一直認為「女子無才便是德」，只要善於相夫教子，就是一個標準的「好」女孩。於是，很多女孩從出生起就被剝奪了受教育的權利，不幸的淪為男性世界的「輔助工具」。只有一些在相對開明、家境較好的家庭中成長的女

孩，才會有可能獲得後天的「智慧」。例如：眾所周知的《梁山伯與祝英台》，愛情故事姑且不談，從祝英台假扮男子方可入學的情節就可以明瞭傳統社會女子的受教育狀況。因此，像班昭、武則天、李清照等「才女」的出現實屬不易，雖有個人的天賦在發揮作用，但仍算是在傳統社會普遍的思維模式影響下的「異類」。而在多元化的現代社會，女孩自身的潛能得到發掘，社會大環境崇尚個性自由、張揚以及自我價值的實現，於是，越來越多的女孩加入智慧型的行列中，不斷充實自身的學識、修養，豐富自身的閱歷、才能。這一種因此帶來的社會現象，「孤傲的孔雀」越來越多，走著與傳統截然相反的路，也成為「壞」女孩的一類。

就像「千手觀音」一樣，再智慧型的女孩也並非只有一面，如品嘗美味的紅酒一樣，只要細細品味，智慧型「壞」女孩的多面會逐漸清晰的展現在你的眼前。

一、幹練中亦有溫柔

當看到智慧型女孩俐落的統領「千軍萬馬」時，千萬別以為她們只是「包青天」，幹練是風格，而非本質。其實，「智慧」女孩粗中有細、淺淺的微笑、輕聲地交談、委婉的勸解，都是對她們最好的注解。想必地球人都知道，前英國首相柴契爾夫人在政界號稱「鐵娘子」，但回到家中依舊是下廚、照顧家人的好妻子、好母親。再精明強幹的女孩也不會失去其身為女性獨有的天性——溫柔，那是與生俱來的，不會被輕易的抹煞掉。聰慧的女孩們努力地實現著自己的夢想，但內心深處仍渴望有施展自身溫柔特質的機會，這是由性別決定的。

二、獨立中亦有嬌美

「孤傲的高齡女子」往往如獨行俠般來去匆匆，深邃的眼神、犀利的言語，或許會令很多人望而生畏，覺得高不可攀。事實上，她們無比理性的頭腦中充滿著感性的幻想，「小女兒態」會在不經意間流露，並非做作，天性使然。尼科爾·基德曼，誰敢否認她的高貴典雅？依舊單身的她，絕對是一個女性版的「鑽石王老五」。對於如何發展自己的事業、如何選片、如何保持藝術魅力，了然於胸。而在我們眼中，她的一顰一笑都在盡顯女性的嬌媚，感受不到絲毫的咄咄逼人。這

是智慧型女孩特有的風姿，懂得如何做個真正的女孩。

三、聰慧中亦有純眞

狡詰的眼神中不時地閃爍純真的光芒、聰明中略帶些許俏皮、大智慧中隱約有小傻氣。她們會在乾淨、俐落的忙完公事後，開心地去吃Bread Talk的糕點，一臉的幸福與滿足，似乎一切煩心的事都在甜點中「融化」不見了；也會在偶像的演唱會上狂呼、吶喊，為哪部韓劇感人而爭執不休。她們每一個都是真實的，認真地工作、開心的生活、享受點點滴滴。靈動的眼神、調皮的表情，會令人忘記她們也有嚴厲、睿智的一面。世界本來就是多滋多彩的，懂得把握生活中的每一種節奏的「壞」女孩才是善待自我的聰慧女子。有沒有想過到遊樂園縱情一番？有沒有嘗試過到KTV裡唱個通宵？有沒有感受過為心中偶像吶喊助威的快感？動心了吧！試一試吧！

四、孤傲中亦有可愛

有些「恃才傲物」的孤傲，令自己與他人愈加疏遠，面部表情總是靜止的，像格麗泰・嘉寶一樣，高挺著胸，永遠是一副展現高雅氣質的樣子。而當你接近她們的時候，會驚奇的發現一切都是外在的，和內心完全不搭配。她們也會開玩笑、也會喜歡所謂「俗」的事物，其實，智慧型女孩和其他人一樣。她們並非不食人間煙火，只是更喜歡享受自己的內心世界，所以神秘孤傲。因為不瞭解，難免有理解上的偏差，好像她們是無法親近的。千萬別被她們的外表唬住了，其實內心一樣的純真、可愛，一樣喜歡吃麻辣鍋，一樣喜歡逛街買東西，一樣為身材發愁，一樣會為劇中人物的命運一把眼淚一把鼻涕。

如果你願意，請走近她們的內心！
她們是智慧的，但更如帛書般細膩！

第四節 神秘型——猜猜我是誰

「我悄悄的蒙上你的眼睛，讓你猜猜我是誰？」對於神秘型女孩，即便你不被

蒙上眼睛，也很難猜出她是誰。她們似風，感受得到卻無法觸及；她們似雲，看得到卻飄忽不定。然而自己的心卻隨她遠去，總是試圖靠近她的靈魂深處。她們沈默寡言，一切都以微笑輕輕帶過，點滴的感受都不會輕易地顯露在臉上，靜謐而深邃。看上去似乎已經達到了「不以物喜、不以己悲」的境界，於是乎，神秘型女孩周身散發著一股魅惑感，具有無法抵抗的吸引力。例如：酒吧中獨飲的時尚女孩、獨立少語的職業女性、淺笑無言的飄忽女孩……等等，她們好似《蒙娜麗莎的微笑》，無論何時何地、無論從任何角度，都是美麗而神秘的，永遠令人捉摸不定。或許你時而會有種恍惚感，她們是真實的嗎？她們就生活在我們周圍嗎？毋庸置疑，也許她們有些「出世」，也正因如此，才更賦與了她們神秘的光環。

如果你是金庸迷，一定不會忘記小龍女的存在，無論是陳玉蓮版，還是李若彤版，都是一樣的超凡脫俗、一樣的神秘清雅。《神雕俠侶》中的小龍女一直隱居在古墓中，幾乎與世隔絕，再加上其性情孤傲寡言，對世人而言，她就是一個不折不扣的「神秘隱士」。就像天山雪蓮，真實的存在卻難以企及，很少有人能

「一識廬山真面目」。當然，小龍女是虛擬世界中的人物，但現實生活中不乏類似的女性，例如：著名的好萊塢明星格麗泰·嘉寶。她似乎一直隱藏在明星的光環之外，如雕像般的面部表情、隱居般的生活狀態、遠離報端的低調，這一切都形成了她無可替代的神秘氣質。還有家喻戶曉的張愛玲，其後半生在美國的隱居生活，使她幾乎淹沒在喧囂中，就連最後離開人世也是那樣的無聲無息。最近上映的一部由陳坤、周迅主演的《鴛鴦蝴蝶》也有一個神秘型的女孩，她的雙重性格如磁鐵般吸引著男主角，一會兒似太陽般火熱、一會兒如月亮般靜謐，沒有一個常態可以把握。究竟是怎樣的呢？神秘的氣息彌漫在戲裡、戲外。影像中的神秘型女孩很容易給人留下深刻印象，曾看過一部由金喜善、宋承憲、金賢珠主演的電影，其中有時空交錯，正因為這樣的安排，使得觀眾與男主角一起揭開了女主角的神秘面紗。到底是誰經常送花給他？他以為是金喜善，一步步追尋，卻總是觸不到她，甚至面孔也是模糊的，直到神奇的時空逆轉出現，才驀然發現原來那個女孩是金賢珠。神秘感一直持續到影片結束，同時也給人一種探秘的好奇心理。相似的影片還有全智賢、李政在主演的《觸不到的戀人》，一個有魔力的信箱

將時空相隔兩年的男女聯繫在一起，但他們無法看到對方，只能憑藉信件感受彼此的愛。這種神秘感來自雙方、來自時空。令人心酸的是，男主角為了能見到女主角而事先問女孩她兩年前會在什麼地方出現，然後以一種忐忑不安的心情去等待。結果，雖然見到了女孩，但由於兩年前的女孩根本不認識他，所以他只能默默地看著，而女孩以警戒和不解的眼神回望著他。那是種無言的神秘！再如梁家輝主演的《人約黃昏》，女主角不再是真實的人，但也因如此而更加凸顯其神秘、變幻。妖嬈的身材包裝在合身的旗袍下，嫋嫋的步伐映襯出迷幻的色彩，再加上三〇年代特有的風韻，這一切都在營造著一種與世隔絕的神秘氛圍。

也許會有人質疑：這些或多或少都被人為渲染了，哪有真的不食人間煙火的「世外仙女」？的確，即使再飄忽，也依然是塵世中的凡夫俗子。然而，不也正因此物世間難求才會產生這麼大的吸引力嗎？相信你一定時常見過這一類型的女子，她們不善言辭，只是以淡淡的淺笑帶過；清澈的眼神中透著輕靈、慧秀；一副與世無爭的神情，但很難輕易地走進她們的內心世界。記得曾遇到過這樣的一個女孩，她總是帶著一種孤傲的表情，幾乎不曾聽到過她的聲音，但眼神靈活、聰慧，每次注意到她的時候，她都是在潛心地思索著什麼，沒有人知道此刻的她心馳神往於何處，卻禁不住想多看幾次，試圖猜透她的心思。應該說，這就是神秘型女孩的獨特魅力所在吧！當然，她們不是神，和其他人一樣要吃五穀雜糧，可是她們那獨享內心孤寂、心靈秘密的超凡氣質總能輕易地在人群中吸引眾人的目光。

現代社會日益多元化，人們與日俱進的追求著個性，崇尚著與眾不同。所以，包括神秘型女孩在內，各種類型的女孩都會找到她們的定位，都能為大環境所容納。在傳統社會中，或許此類女子會被認為「個澀」，不宜相處，甚至會被認為是「狐媚」所變而失去生存空間。不同的觀念、不同的社會環境，產生了迥異的審美觀念，美與醜、好與壞，往往就在一線之間。相對於個性張揚的現代社會而言，傳統社會對女性的審美標準幾乎是單一的，任何有違傳統倫理的行徑，哪怕是與生俱來的，也會被斥責、懲戒甚至扼殺。無論是從有關的影像世界中，還是在相關的歷史文獻中，都能找到這一方面的描述。眾所周知，傳統審美觀認為符合「三綱五常」的規矩女子才是「好」女孩，要從小熟讀《女誡》、《女則要

錄》，要時刻注意自己的言行舉止，個性既不可張揚、潑辣，也不許太過內斂、不問世事。猶如小龍女般隨性而為、沈默寡言，如菩薩般脫離塵世、無法為男性主導的社會服務，如《紅樓夢》中的惜春厭惡凡世、盡顯孤傲小姐本色，這些無一不是傳統社會中的「壞」女孩、異類的特徵。孰好、孰壞，最終要看其是否符合特定歷史條件下的特定審美觀。

由於現代社會發展的多元化，人們的選擇範圍也逐漸擴展。這是一個雙向互動的過程：當視野豐富、選擇增多的時候，對周圍的「異類」也就會以一種包容、欣賞的眼光對待；與此同時，由於外界輿論的認可，不同風格的個性也逐漸彰顯出來，反過來又增加了可選擇性。

對於小龍女，現代女孩充滿豔羨，而男孩則充滿欣賞和憧憬。一個是追逐、一個是認可。或許也正因為有如此的轉變，才會有那麼多的女孩希望為自己增加神秘指數。因為神秘能提高魅力級別，才能吸引男孩來愛，不是嗎？雙方因瞭解而失去吸引力，因存在距離而產生磁場般的誘惑力，看來神秘型女孩對物理學原理的參透能力很好。

現代社會的媒體異常發達，信息量增多的同時也就不可避免地失去了隱私權和神秘性。尤其是公眾人物，什麼愛吃的食物類型、脾氣秉性、身高愛好，甚至私生活。在如此高密度的曝光之下，「神秘感」簡直就是天方夜譚。正所謂物極必反，在透明度極強的氛圍中，人們對「神秘」產生了好奇，不只是物，還包括人，比如女孩。或許，這也是造成傳統與現代對神秘型「壞」女孩審美觀不同的原因之一吧！

一直很喜歡王菲詮釋的那首《明月幾時有》，中秋佳節，吟唱心聲。蘇軾的詞更易令人對月暇想。真不知天上的嫦娥姐姐長什麼模樣、是怎樣一個人過日子的。這樣一想，恐怕嫦娥姐姐應當算是最具神秘性的女孩了。於是，嫦娥奔月、嫦娥與後羿，傳說、虛構比比皆是。一切皆因其離我們真實的生活太遠了、太具遐想性了。明知虛無縹緲，仍禁不住思緒萬千。

現代「壞」女孩們也很懂得把握這種心態，明白距離產生美。有些天性如此，有些刻意製造，然而其結果大同小異，都把人迷得神魂顛倒。總想探個究竟，卻總會被「壞」女孩們牽著鼻子走。其實，魅力也就在於此，倘若真的瞭解

了神秘型女孩，恐怕也就失去了一次欣賞美的感受。何苦非要弄個明白呢？靜靜的品味就好，真的！

「不要問我從哪裡來，我的故鄉在遠方」，來自齊豫的那首《橄欖樹》。姑且把它當作神秘型「壞」女孩的標誌性語言吧！而這句話也同樣可以當作追隨者們的「心理慰籍」。誰讓自己不爭氣、情迷神秘女郎呢？

神秘型「壞」女孩的確「壞」得有感覺，人總是有好奇心理，越是不清楚就越想知道答案，於是這類型的「壞」女孩「人氣指數」陡然飆升，開始「壞」出「規模」來了。

如果你是男孩，也許覺得找個神秘型女孩做女友太累了，因為她像個謎，你時刻圍著她轉，卻無法真正的瞭解她，甚至會覺得備受「煎熬」。哎！這就是「愛的代價」呀！如果妳是個非神秘型女孩，也許會忿忿不平、無法理解——有什麼好的？像個仙女一樣讓人猜呀猜，那些男孩不覺得累嗎？怎麼越「折磨」人越被人愛呢？哎！這就是應了那句話——女孩不壞、男孩不愛。

這就是神秘型「壞」女孩的獨特魅力所在！

男孩也好，女孩也罷，以欣賞的眼光去看待會令你心境為之一亮，甚至能產生美的愉悅感，一切問題、疑惑也就迎刃而解了。好像天山雪蓮，心響往之，卻難免要付出痛苦的代價，然而其內心的愛慕卻與日俱增。天山雪蓮「壞」嗎？相信沒有人會這樣認為，反而覺得它是美的，因為它具有神秘、高雅的氣質。其實，簡單說就是要有能夠產生美的距離，懂得把握這個距離、欣賞這個距離。

如果你是她的男友，就請盡情領略她的與眾不同。或許她沈默寡言，你可以像楊過那樣慢慢走近小龍女的心靈；或許她飄忽不定，你可以站在不遠處欣賞她的獨語；或許她不想與你廝守，只要心靈相通，可以享受彼此獨立的精神空間。好與不好，完全在於個人的感受，既然稱之為「神秘」，必然與傳統女孩有所不同，重要的是自己的感覺，不是嗎？

女孩們，「神秘感」只是一個表面化的感受，其精神實質在於心靈的獨語以及內在的淨化與昇華！

第五節　冷豔型——妖豔的冷玫瑰

從某種意義上來講，冷豔型是神秘型和嫵媚型的綜合體，即亮麗迷人又捉摸不定。有些時候，人們會將此類型的女孩稱之為「性感女郎」。翻閱時尚雜誌，打開電視，上網，總是輕易的就能看到這一風格的廣告模特兒。她們身著前衛的服飾，臉上是精緻的妝容，眼神富有魔幻色彩，有點「壞壞」的味道。這種類型的女孩從內到外釋放著撩人的氣息，似乎也隱藏著潛在的危險性。她們時而孤傲、時而奪目，像帶刺的玫瑰——只可遠觀、不可褻玩。在職場中也會時常接觸到這一風格的女孩，她們具備很強的專業能力，又兼具出眾的外形條件。辦事雷厲風行、不苟言笑，有股「女包青天」的氣勢——當然，她們擁有包青天所沒有的美豔臉龐。上司不敢小看，下屬不敢造次，卻也暗自豔羨而不敢輕易接近。冷豔型女孩往往給人過於自信的感覺，憑藉自身的能力而傲視群雄，卻又令旁人無從挑剔，幾乎就是上帝的寵兒。不似山間的百合花清幽淡雅、不似花圃中的薰衣草洗盡鉛華，更不似池塘中的荷花玉潔冰清，她們是一幅色彩豔麗的名貴油畫，也是芬芳帶刺的玫瑰花。

想一想，在眾多影像世界的人物中，誰是當之無愧的冷豔型女孩呢？在古代劇作中，此類型的女孩多半是公主、貴婦，相信貧窮中下出身的女孩恐難擔此「重任」。比如歷史劇《圖蘭多》中的高貴公主圖蘭多，她聰慧過人，美貌無比，只是心腸冷傲，令人望而生畏。求婚者眾多，但擄獲芳心者寥寥無幾。她可以算是影像世界中古代冷豔型「壞」女孩中的No.1了。離現實生活較近的影像世界中的冷豔型女孩，當屬《手機》中范冰冰扮演的武梅。她美豔、精幹，眼神孤傲、清高，任何內心世界都不會表露在外，如夢似霧、神秘莫測。弄得葛優扮演的男主角明知「玩火」危險，還是抵擋不住其冷豔、性感的誘惑。還記得那個《夏娃的誘惑》中那個讓人恨之入骨的徐迎美嗎?刻版的五官、冷峻的表情、豔麗的容貌，這一切都成了「戰勝」可愛版美眉甄善美的「致命武器」。無聲勝有聲，一份神秘、一份飄忽，足以把人的心帶向遠方。類似的還有《天堂的階梯》中金泰熙扮演的那個惡毒的壞女人，儘管恨得讓人牙癢癢的，但不可否認其自身特有的冷豔氣質。提到大名鼎鼎的安吉利娜‧朱莉，相信每一個知道她的人都會不由自主地對其special的風格留下深刻印象。眼睛猶如一本奇特的書，任憑你怎樣看，仍無法解開她心中的謎。

曾看過韓國女星全智賢為「蘭芝」品牌的一則廣告，一改其野蠻、酷酷的作風，搖身一變成了一位「魔鬼身材、天使面容」的性感化身，擺弄著撩人的身材，教女孩子如何做一個充滿魅力的時尚女性。表情時而調皮、時而迷幻、時而似笑非笑。也許這正是廣告的「主旨」所在吧！

說了這麼多，似乎冷豔型的女孩就是壞壞的、狠狠的，或許是一種影像「誤導」吧！那只是她們的外在，有的也許果真如此，但更多的則需要你真心的探索。

有些時候，冷傲的外表下隱藏的是一顆善良的心、溫暖的心、脆弱的心。她們時常給人「拒人於千里之外」的表象，但真正的她又會是個什麼樣子呢？像李莫愁似的「蛇蠍心腸」，還是如安潔莉娜・裘莉般熱中於慈善事業？李子的味道究竟如何，還須親自嘗嘗！比如我們熟知的舒淇，她的外表應該算得上冷豔性感，但她的世界沒有看起來那麼舒坦、令人豔羨，還有人不時拿以前的事來糗糗她，使得她也只好擺出麻木的表情扮演大牌。其實，她的心裡一定不是滋味，問她人生目標，她說賺夠錢嫁人，跟所有的女人一樣。再「出色」的「壞」女孩內心仍有著平常女孩的點滴心情。

一直以為冷豔型的女孩都是「眼裡不容人」的高貴美眉，其實真正瞭解之後，你會不由自主地被她吸引——原來她還有這樣與眾不同的一面。自從認識曉蓮以來，始終覺得她高不可攀，她家境好、人長得俏麗、學歷也高，從未見過她的笑容。儘管彼此認識，但心中仍像有個「鴻溝」——唉！美女都是冷豔脫俗的嘛！直到有一次無意間一起等車，才發現其實她是很擅長聊天的，不僅風趣，而且笑容燦爛。談到對她的第一印象，曉蓮居然認為是在開玩笑，因為她從未覺得自己高傲冷豔，只是不太主動和別人聊天。雖然外表可以反映出一個人的氣質、性格，但內在仍需要我們不斷地接觸、感受。生活中的確有很多冷豔幹練、深不可測的「壞」女孩，也許她們「冷冷」的背後是一股「暖流」。

冷豔型的「壞」女孩像蛇一樣訥於言而敏於行，用豔麗、酷酷的外表表現著內心的慵懶與不屑，用紅裝包裝自己的內心。她們需要的是能夠打開心鎖的人，和撥開雲霧見晴天的溫暖。努力欣賞她們的美，那是心靈深處的一片雲。

如果從傳統社會中尋找冷豔型女孩的代表，小說《紅樓夢》中的王熙鳳應當

算是當之無愧的一位。她集榮、寧兩府的大權於一身，俏麗華貴的著裝不在話下，僅憑她那雙鳳眼下的犀利，就足以使人感受到一股「冷氣」，迫使人不敢輕易接近。還有《神雕俠侶》中的李莫愁，她美麗高傲，卻因愛生恨，越加狠毒。無論冷豔型女孩多麼令人魂牽夢縈，但她畢竟是傳統社會審美觀中的另類，有違於常理的評判標準。在傳統審美觀中，女孩應該是如水般幽靜、透明、波瀾不驚、悠遠流長；而冷豔型女孩卻是似伏特加一樣的烈酒，充滿誘惑，令人迷醉，但終究不是「賢妻良母」的最佳選擇。儘管不時地會對身邊的此類女孩好奇、著迷，但內心深處總會有種無法駕馭之感，非常人所能理解。

隨著女性的解放、個性的張揚，冷豔型女孩不再被「束之高閣」，因為那是一種「異類」的美。周圍的人逐漸以一種欣賞的眼光來看待，影像世界中的人物也好，大眾傳媒中的女性形象也罷，無時無刻不在為我們提供這樣的「視覺饗宴」。「家常菜」固然可口，但人是容易對未知領域產生好奇心的，於是有別於「家常菜」的「風味大餐」越來越受到歡迎。韓國的流行歌手朴志胤，曾因歌曲內容另類而受到質疑，但她冷豔的表情、個性的曲風而受到年輕一族的追捧。已故的香港大姐大梅豔芳可以說是「壞」女孩的始祖，她以「百變」著稱，其冷傲、豔麗的風格永遠留在樂迷心中。

不要被她們迷惑性的外表所欺騙，再冷豔的女孩也是真實的人，也有其脆弱、溫情的一面。她們外在的美是別具風情的，有點像吃「麻辣鍋」——雖然總是辣得舌頭發麻，但仍然無法抵擋「火熱」的誘惑。如果周圍的人都是溫婉、典雅的小家碧玉、大家閨秀，豈不是也會感到有些單調、乏味呢？伏特加，知道的人都想「一親芳澤」，但究竟是否真能如願就要另當別論了。然而，倘若世界上根本就沒有伏特加，是不是少了很多色彩呢？冷豔型女孩更是如此，你可以不喜歡她、可以不接受她，但是不能沒有她，因為她也是美的代表之一。

如果你屬於冷豔型女孩，千萬不要喪失自身的特色，妳的美與眾不同。但也不要因此而孤傲！學會欣賞自己的美、展現自己的美，世界因為有妳而精彩！

如果你是個只對冷豔型女孩感興趣的男孩，在肯定你有眼光的同時不禁為你感到辛苦，因為你總是像地球般無時無刻圍著「太陽」轉，似乎永遠無法觸及到她的內心、永遠猜不透她。或許這也是一種「愛的代價」吧！

第六節　耍心機玩伎倆型——這個殺手不太冷

說是「耍心機玩伎倆」，或許有些貶義的味道，其實也可以解釋為「聰明」、「計謀多」。遇到這類的女孩，男孩恐怕只有招架的份了。從這個意義上來說，男孩成了這些聰慧、靚麗的女殺手的「獵物」。

曾經轟動一時的電視連續劇《過把癮》中的女主角杜梅，就是這樣一個在愛情上喜歡耍心機玩伎倆的女孩。她邀請心愛的男友去舞廳跳舞，當男友徵詢她同意後被前女友邀進舞池跳舞時，她的愛意一下轉變成醋意，於是便小施心機請一位陌生男孩跳舞，並故意顯得很親熱的樣子，想以此報復自己的男友，不料男友未被刺激，她自己倒先受刺激，一氣之下臨陣脫逃，嚇得男友遍尋不著。

一般稍微聰敏一點的男孩，大抵都能識破或洞穿女孩的這種可愛的「小伎倆」。說她可愛，是因為女孩在你面前賣弄千種風情、耍盡百般伎倆都是為了一個目的：看看你是不是真的愛她？深入到這一目的，問題就清楚了：她深愛著你。

正是源於這點，這種頗富心機的「壞」女孩才會樂此不疲地透過無數的生活細節，和無數的話語、神態、姿勢等等來吸引你無時無刻地關注她，以此達到彼此交流至深的目的。這個過程本身，往往就是男孩落入女孩懷抱的滑梯，也是女孩吸引男孩的磁場，更是「壞」女孩之所以動人的槓杆。因為，這種女孩懂得如何激發男孩的「追求欲」。

情場上精明，在其他領域，殺手型女孩一樣的出手幹練、果斷。《夕陽天使》中的舒淇、趙薇姐妹，一邊是性感的時尚，一邊是暗藏殺機的「磨刀霍霍」。再困難的任務也能輕而易舉的搞定。連暗殺行動都能做得有聲有色，更何況是情場上的「角逐」呢？不是說女孩是一種奇怪的動物，很難猜出她們的真正企圖。有時的確要費一番精力，但也未必能得其法。俏皮的女「殺手」們往往使用各種伎倆讓他們心愛的人「就範」，不是說反話，就是假裝不在乎，甚至「冷戰」。總之一句話，男孩會被這樣的「妖精」女友「愛」得團團轉，卻也樂在其中、欲罷不能。唐明皇的梅妃賢惠、明理，他的楊妃嫵媚、善妒。但是千古以下，人們記得梅妃，是因為楊貴妃的一場因妒暢飲——貴妃醉酒一直就是最美的折子戲。史載

楊玉環常常和唐明皇吵架，至少有三次被唐明皇休掉，回了娘家。據說唐明皇對她的迷戀，其實是因為從沒有一個女人敢如此待他，楊貴妃讓他體會了尋常民間夫妻的樂趣。所以他上窮碧落下黃泉地想她，想念一個精靈一樣的女人。想念一個「妖精」，是很多男人一生中都經歷過的痛苦。而且，絕大多數都因這個「妖精」而成長。

留心周圍的戀人們，在外界看來似乎「備受虐待」的男孩卻沈浸在「被在乎」的幸福之中。明知女孩們使用的是「慣用伎倆」，仍會「睜一隻眼閉一隻眼」的「受用」。因為那是「愛的訊號」。

除了性情中人唐明皇以外，傳統社會是如何認知殺手型「壞」女孩的呢？想必在男子坐擁三妻四妾的社會氛圍下，殺手型女孩更是要多用些伎倆了，必要時還要拿出「撒手鐧」來，以示重視。皇室中的寵姬們為了獨得專寵，往往使盡渾身解數，時而嬌媚、時而怒嗔、時而「拉長線」、時而緊隨左右。百姓生活也是眾生百態，「河東獅吼」應當算是使用伎倆最為有「力度」的了。在易中天的《中國的男人和女人》中曾提到「妻不如妾」，當然這其中或許有姿色方面的原因，但更為重要的是妾往往具有妻所不屑的「媚」——伎倆之一，而且屢試屢爽。

現代社會，女孩們不僅秉承了衣缽，而且還與時俱進的跨越式發展，乃至達到了「作」的程度。關於「作」的含義，張抗抗在她的作品《作女》中是這樣解釋的：這個「作」念平聲，意指那些不安分守己、自不量力、任性而天生愛折騰的女人。這裡的「折騰」，我們可以解釋為「耍心機、玩伎倆」，愛著對方，「折騰」著對方。來看看生活中的「作」型女「殺手」們吧！

一、與「作女」共舞

濤暱稱他的女友娉為「作女」。經過三年的戀愛，兩人的關係早已確定。想著早已是「老夫老妻」了，所以，濤也就不再像原來那樣殷勤了。豈料娉突然說了一句「你對我不夠好」，便宣佈分手，嚇得濤一下子慌了。

「全智賢算什麼？野蠻女友都沒她厲害呢！她對付我的手段真是要人命，最會玩的就是半夜洗衣和人間蒸發。我要是回去晚了，她會推著洗衣機轟隆隆地從我床邊經過，還要我負責把衣服拿出去晾。半夜三更的，多丟人呀！這還不夠，要

再惹火她，她就把一切聯繫方式都切斷，讓我找不到她。她模仿欲極強，看到什麼新鮮的整人玩意兒就先在我身上做試驗。不過，我視為這是我們感情的保鮮劑。要知道，在今天這個時代，老一套的恩愛有時也是會令人乏味的，而『作』一點反而讓人受用。當然，這當中也要有個分寸，太過分誰受得了？」

二、被「作女」折騰

朋友艾米也是「作」中高手，最得意的一招，就是讓男友每天下班準時來接她。據她自己說，再過二個月就要結婚了，但結婚的條件是男友必須從這一天起每天下班都來接她，只要二個月天天如此，她才肯嫁。其實男友也不是自己有車，大老遠跑來接她，來回還要擠公共汽車。她這樣「折騰」他，只是尋找一種被呵護、被追的感覺。

一天，男友要陪客戶吃晚餐，實在走不開，他打電話給艾米說：「今天實在不行，若是自己的生意一定選擇放棄，但自己並非老闆，只能聽命行事。」但艾米堅持不肯，還撂下一句：「來不來隨便你，反正一切後果自負責。」男友身不由己，結果還是沒來。第二天，自知理虧的他一早送給了一大束鮮花艾米以示賠罪，但她看也不看，隨手便扔進垃圾箱。傍晚男友早早在公司樓下等她，老遠見艾米下樓就立刻迎上去，她卻手一揮，以迅雷不及掩耳之勢跳上了計程車揚長而去，男友只好跑著追車。

還有一次，在電影院門口，艾米因為慪氣而哭得眼圈通紅，男友在一旁拼命哄她，但她還是扭頭就走。男友趕緊追上去伸手拉她，她卻把手摔開，自顧自地哭著往前走，搞得周圍的人像看戀愛悲喜劇似的。誰知，越多人看，她哭得越起勁，簡直到了目中無人的地步。

作女們以自己特有的方式「愛」別人，也讓別人愛著自己。一旦出現任何「意外」狀況，馬上用「聰明才智」給對方一點「顏色」瞧瞧——誰讓你「招惹」她了呢！更重要的是，你愛她。想必身為「耍心計玩伎倆」型作女的男友一定會對「愛的代價」有深刻的體會，愛在其中、「苦」在其中。

古人云：「唯女子與小人難養也。」又云：「女子無才便是德。」這裡的「才」，除了學問之外，恐怕還包括靈活的頭腦、天生的智慧。倘若沒有一定的天

資和才智，這一類型的女孩又該如何「發威」呢？畢竟，「作」也是需要智謀的呀！凡事貴在恰到好處，適度的「作」、「耍心機」、「玩伎倆」，是可以增加魅力指數的。萬事求新、求變，愛情也同樣需要新奇、更新。只要不是「壞」得惹人煩，從另一個角度去欣賞，作女們是很具有吸引力的。她們任性、恣意、無所顧忌、為所欲為，是現代社會忙碌、煩悶生活中的一道色彩。尤其在遍佈機遇、競爭、挑戰的「她世紀」，「作女」身為敏感、細膩的感知者和充滿激情的參與者，她們的身上，更能體現出睿智的思考、積極的態度和個性的變化。她們的舉止，旁若無人的輕佻與乖張；她們的言談，沒由來的突兀與囂張；她們的裝扮，刻意的別出心裁，逆或先潮流而動，她們身上總有那麼一股自顧自的衝勁，她們不怕出軌，她們樂意以刀片般的犀利與攻擊性，劃破常規生活秩序的鎧甲，給個人的沈悶生活製造凌厲的快感，同時也絲毫不在意周圍驚詫的眼光。你欣賞她嗎？她無所謂；你對她翻白眼嗎？她也不在乎，完全一副我行我素的態度。

女孩不作，男孩不愛。

記得呦！這可是最新的「壞」女孩寶典。

第七節 另類、叛逆型——我的眼裡沒有你

心中一直為王菲的演唱風格叫好。穿著怪異的她，眼睛向上瞧，從不與觀眾交流，一隻腳斜斜地伸出去任意地打著拍子，自顧自的哼哼唧唧地唱著無所謂的詞。很酷、很另類的樣子。其實，再規矩的好女孩心底對「壞」和「酷」都有或多或少的嚮往。當然，這種「壞」和「酷」是無傷大雅的、不超出界限的：塗銀色唇膏、把頭髮噴個幻彩、穿著透明裝、吹聲口哨，甚至點支菸、罵句粗話。何謂「另類」？簡言之，不一樣、有特色就是「另類」。美是各式各樣的，女孩們更是希望自己與眾不同，走在大街上能增加關注度、提高回頭率，吸引更多的目光。

與傳統社會相比，另類、叛逆型「壞」女孩更為多姿多彩。儘管經常被周遭當成「異類」，不理解甚至嘲弄，但她們一樣活得精彩、一樣活得真實、自我。歌壇的新晉另類「壞」女孩張韶涵以其與眾不同的演風格為FANS所認同。而她在出

道之前，正確地說，在經紀人發現她的時候，她與其他另類的日本街頭的叛逆女孩沒有什麼區別：畫著黑眼圈、誇張的服飾、瘦削的身體、冷峻的表情。美國的女歌手小甜甜布蘭妮，雖然一度走「純情」路線，但其見諸報端的另類行徑仍為歌迷們津津樂道。日本的女明星多以可愛的演藝形象示人，然而仍有如濱琦步那樣的「豹妹」女星脫穎而出。這樣的個性女孩還有很多很多，如舒淇和安吉利娜•朱莉。她們同樣的性感迷人、同樣的「壞」得有力度、同樣的內心隱存叛逆的傷疤。舒淇十六歲就休學去當飛車黨，在地下室拍裸照；朱莉則是在身上刺了多處花紋，而且總想把自己扔出去，因為她迷戀疼痛的感覺，只有疼到一定程度，心才有麻木感。或許，她們早被認定無法救藥，其實，她們比許多好女孩要真實得多，是不吝惜自己、敢於做自己的天使。

無論你是否喜愛她，王菲一直都是現代社會另類女孩的典型代表。從歌藝到私生活，她從未在意外界的看法，堅持按照自己的真實想法去做。身為身價不菲的亞洲歌后，她可以拋開浮華，到北京的四合院與情人共築愛巢，也不介意此時自己在記者鏡頭中的形象。為了追求對音樂的執著，她可以不在乎失去一部分喜愛主流音樂的歌迷。只要自己有感覺，可以和比自己小十一歲的男孩手牽手。有了小女孩的幸福感，可以不去管外界的評判，自得的沈浸在忘我的愛河之中。試問，又有多少女孩有勇氣這樣恣意的善待自己呢？除卻無法改變的客觀因素外，最大的不同在於「好」女孩與「壞」女孩的不同想法。

好女孩心中的束縛、牽絆較多，哪怕內心有潛藏已久的渴望，仍瞻前顧後，擔心這個考慮那個。然而另類的「壞」女孩們卻全然不去思索那些無聊的東西，她們覺得那些「累贅」只能讓自己什麼事情都做不好、什麼也都不能做。還記得那個紅遍大江南北的「小燕子」嗎？和溫婉的紫薇、晴格格相比，她算是個不折不扣的「壞」女孩——調皮搗蛋、不顧禮儀，和僕人們稱兄道弟，不時地就打上一架，管他是皇帝老子還是太后老佛爺，完全就是一個十足的叛逆型「壞」女孩，最膽大包天的是竟然敢協助皇上的妃子「私奔」，真是個「天地難容」的「壞」女孩。可是她純真、不惺惺作態，內心的世界完全寫在臉上，即便是做錯了事，出發點也是利他的。她不在乎別人的負面評價，哪怕沒命也要做一個真實的「小燕子」。她很叛逆，也很惹人愛。如果你看過《東方三俠》，一定會對影片中的三

個颯爽的女俠印象深刻：梅豔芳、楊紫瓊、張曼玉。在她們當中，張曼玉扮演的女俠最具叛逆性，騎著一輛超酷摩托車，頭髮梳得超高，兩條玉腿修長迷人，口中總是嚼著口香糖，身手也很了得。從她的眼神中，你很難窺視到淑女的溫婉，只有個性與叛逆。是非不斷的張柏芝也是個典型的另類女孩，本是生就一副淑女外形，卻刻意烙上「現代叛逆女孩」的印記——紋身、吸菸、逛成人商店、罵髒話等等。她從不自卑於自己暗啞的嗓音，也不在意媒體對她的負面評價，只要活出真實的自我就足夠了。《上錯花轎嫁對郎》中的李玉湖也是一個類似小燕子的「另類」女孩，喜歡舞刀弄槍、嫉惡如仇，不愛遵循常理，可愛俏皮，也十分有個性。

細述了這麼多有另類感覺的「壞」女孩，會情不自禁的被她們吸引，有暢快淋漓之感。她們的生命如此真實、她們的個性如此鮮明，不禁感歎好女孩的辛苦與矯情——好累哦！

不過慶幸的是，現代社會的自主性、獨立性的「壞」女孩越來越多。敢於依照自己的意願生活，做獨立、真實的自我。有些女孩為了實現自己的理想，毅然地捨棄普通女孩享有的幸福；有些女孩只要戀愛的感覺而不要婚姻；有些女孩不在乎外界的眼光，勇敢的選擇自己的真愛，無論是「姐弟戀」還是「忘年戀」；有些女孩憑自身的能力快樂的做著「單身媽媽」；有些女孩不願受制於婚姻的枷鎖，敢於做新的自己。

另類、叛逆型的「壞」女孩以其敢做敢為、果敢獨立的特色贏得了青睞，她們總是能輕易的獲得旁人的目光，比傳統所公認的好女孩更具魅力和吸引力。從電視劇中的角色就能有所體會，主要的情節中總是好女孩與「壞」女孩之爭，而這個「壞」女孩總是另類、與眾不同的。因為有好與「壞」的衝突與對立，本來無聊的故事也突然變得高潮迭起。比如，《永遠有多遠》中，善良仁義的白大省和精明風騷的西單小六；《空鏡子》裡不安分的姐姐孫麗和傻乎乎的妹妹孫燕；再往前，《情深深雨濛濛》柔順如小鳥依人的茹萍和小豹子一樣伶牙俐嘴的依萍。每一個好女孩的身邊，都有一個「壞」女孩，她們分飾一個戲裡的第一、第二女主角。但是，多數時候，我們的目光，總是放在那個「壞」女孩的身上。不錯，好女孩笑容溫暖，但另類、叛逆的「壞」女孩的眼神中充滿了誘惑啊！她們

煙視媚行，她們隨心所欲，她們顛倒眾生、她們到處遇到願意愛她們的人。「壞」女孩憑本能行事，好女孩按規範做人。「壞」女孩是天生的，好女孩是後天學習的。而一切天生的東西，都有奇異的生命力，生猛蓬勃、活力四射。

以自己為圓心，向周圍無限的空間望去，另類、叛逆型的「壞」女孩總是能讓你留下深刻印象。美國的小甜甜布蘭妮、日本的濱琦步、韓國的朴志胤、中國的王菲，她們時而像魔女般鬼靈精怪、時而如天使般純真無邪。溯其根源，有一種觀點認為另類、叛逆型「壞」女孩的出現是消費時代少女革命的產物。Naomi Woif說：「每個女人都是最好意義上的壞女孩。」意思是，女人、女孩有欲望的話就是壞和叛逆，就是用最壞和最好意義來想的「壞女孩」。這種觀點認為在消費時代女孩更易受外界的影響，朋克精神和早先的女權運動也發揮了推波助瀾的作用，她們以反文化的方式，也就是更本能、更女性化的方式來說話，「壞」女孩們選擇音樂或者服裝、頭髮甚至表情來表達。於是，現代社會另類、個性、叛逆的「壞」女孩越來越凸顯、越來越吸引關注的目光，尤其是內心潛藏躁動、渴望與眾不同的現代女孩。

或許你覺得她乖張、特立獨行，或許你為她的特立獨行拍掌叫好，或許你並不覺得有什麼大不了，但不可否認的是，另類、叛逆型「壞」女孩是特別的、是令人「眼前為之一亮」的。不屑的眼神、隨意的表情、隱藏的心靈，她們會用自己特有的方式表達情感、交流思想，你可以不理解，她們也不需要旁人的理解。無論外界是怎樣的一種心態，都是無關緊要的，重要的是她們存在著，而且就在你我中中。這就足夠了，無論是對誰而言。

簡言之，另類、叛逆型「壞」女孩是美的——空前絕後，絕無僅有！

第八節　敢愛敢恨型——我的愛對你說

要問《西廂記》中哪個人物最出色，不必說，自然是紅娘。為什麼呢？除了她自身的性格因素外，還因為她對男女主角的愛情牽線、搭橋，無比的聰慧可人。其實要說的重點並不在此，而是想借此說明在男權社會中女孩對愛情、婚姻的自主性是微乎甚微的。即便是兩廂情願的崔鶯鶯與張生，也需要一個紅娘從中「斡旋」。與傳統社會相比，現代女孩有了更多的自主性，可以隨自己的喜好選擇

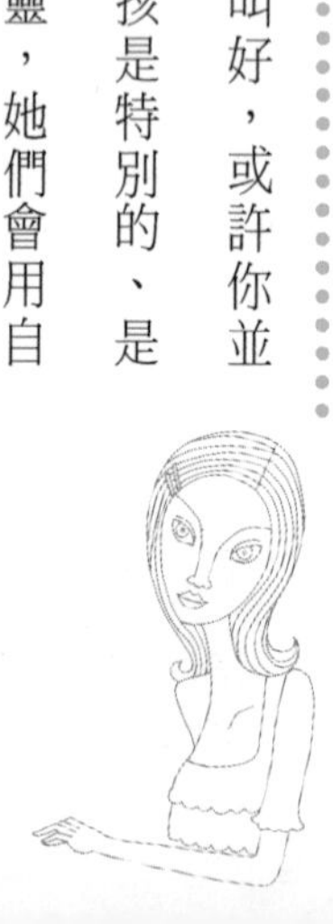

「另一半」。正所謂「男追女隔層山、女追男各層紗」，越來越多的現代女孩有了勇氣，大膽的說出「我的愛」。這也是一種「壞」女孩的類型——敢愛敢恨型。

托爾斯泰筆下的安娜・卡列妮娜是一個典型的「壞」女人。說她「壞」，是因為她身為一個有夫之婦和孩子的母親，又愛上一個小夥子渥倫斯基，成了背叛家庭、大逆不道的女人。安娜之所以令渥倫斯基神魂顛倒，就在於她敢愛敢恨。在現代社會，不乏安娜這樣的「壞」女孩。她們一旦找到愛的感覺，就不顧一切地追隨，以她們的氣質與身心去俘虜男孩，從男孩那裡尋找女孩的價值。這樣的女孩有力度，也有刺激，正是這種女孩的「壞」，讓男孩體會了什麼叫真正的女孩。同時，這樣的女孩一般不會輕易動情，她們往往靠第六感覺來感悟愛，她們在跟大多數男孩打交道並且面對男孩的種種誘惑進攻時，會依據本能拒絕不是愛的愛。然而一旦碰到了她認為是愛的愛，平素埋藏、積蓄心底的愛就如地下岩漿似地不可遏止地噴發出來，哪個男孩能抵擋得住這種由柔情、激情、癡情彙成的「愛流」呢？

還有一種「敢愛敢恨」型的「壞」女孩，只不過她們更加「耍心機玩伎倆」，用以退為進的方式博得男孩的同情與疼愛——裝出不快樂也讓人跟著難過型。

有句流傳已久的話「女人的名字叫弱者」。自從社會形成後，男人多是以強者的姿態出現在女孩面前的。於是就有了這樣一種「壞」女孩，把自己「弱者」的形象推到極至，男孩不是強者嗎？那我就是隻楚楚可憐的小鳥，以此手法來博取強者男孩的撫慰與呵護。《紅樓夢》裡的林妹妹即是範例。在我們生活周遭，經常可以碰到林妹妹式的女孩。她們遇到「帥哥」或心儀的男孩，會說：「你的眼睛裡哪會有我這種人啊！」或曰：「像我這樣不起眼的女孩誰會請我喝咖啡、看電影呢？」……等等，而這種激將法的誘導往往極易使男孩「上鉤」。比如，開始你出於好奇心請了她第一次，就會有第二次、第三次，然後你聽她柔情似水地傾述，哀怨一番，便又在同情心的驅使下幫助她趕走孤寂。等到她不孤寂了，你也差不多成了她忠實的「護花使者」了。

為什麼這種「壞」女孩也動人呢？因為她以「守」為攻、以柔克剛，符合女孩「守」的本性。她們把「柔」的情意和「弱」的形態全拋擲在你面前，而她們這種以守為「攻」的方式又是極其曲折、隱晦的，比如她在你面前很孤單，卻又

與你保持相當距離；她在你面前很愛憐，卻又往往推卻你的急功近利的熱情，這些就給男孩製造了想像空間，她們的動人之處也就藏在這個空間裡。現代的女孩子，變「壞」一點又如何？

無論是熱情四射，還是含蓄、內斂，這種類型的「壞」女孩猶如一顆耀眼的珍珠，任憑你怎樣，都不得不注意到她的存在，有時則會在不經意間一不留神就劃入她的愛情「陷阱」中。

一、永遠的「赤名莉香」

如果你未曾和這個世界脫離、如果你出生在八〇年代、如果你曾是個「日劇迷」，相信當你聽到這個名字的時候，已經心潮澎湃了。對，就是那個笑著流淚、勇敢而灑脫的向「白癡完治」說再見、敢愛敢恨的莉香。還記得嗎？莉香純真燦爛的笑容、對「丸子」熾熱的愛、當著眾人的面表達心中的愛、告別無法挽回的愛時的隱忍、重遇舊愛時的灑脫與心痛……每一個點點滴滴都印在心頭。這就是「敢愛敢恨」型「壞」女孩的魅力所在，而莉香是永遠的No.1。一直都無法忘懷

《東京愛情故事》中的結尾：三年後，莉香與完治意外相遇，而此時完治已經和他的「女神」里美結為連理，物是人非。莉香和完治重新來到了愛情起點的地方，他們要在此說再見了。還像以前一樣，兩個人背過身去，朝相反的方向走去，不許回頭。「丸子」以為莉香還會像當初那樣回過身來一臉笑容的衝他叫「丸子」，可是這次「丸子」錯了——莉香永遠地和他「背道而馳」了。不用看都會知道當時莉香的心情是怎樣的，可是她沒有再留戀過去，而是流著淚與心中的愛說再見。

二、倔強隱忍的「銀珠」

與莉香個性相似，只不過「修成正果」的銀珠也是一個「敢愛敢恨」型的「壞」女孩代表。在韓劇《看了又看》中，銀珠是個令人刮目相看的女孩。儘管家境貧寒，自己不是醫生而是護士，但她勇敢地追求自己的真愛。在深思熟慮後，她鼓起勇氣向基正君表達了愛意；勝美得知後借機報復，她則不聲不響的「教訓」了她一頓，卻從不和旁人訴說自己心中的委屈。遇到挫折時，本是無所畏懼的銀

珠為了父母、家庭的尊嚴毅然忍痛放棄；而面對命運的捉弄時，她寧可絕食也不放棄愛情。這樣「敢愛敢恨」的女孩著實讓人肅然起敬。觀眾在怨恨銀珠媽媽和基正媽媽心存偏愛的同時，打從心底喜歡上了這個女孩，這個倔強、消瘦、不向命運屈服的「壞」女孩。

三、愛恨交織的「雅麗英」

與「韓劇前輩」銀珠相比，雅麗英更有些像《情深深雨濛濛》中的依萍——在愛與恨中掙扎，無論是愛還是恨，都是一樣的真實情感。為了替被拋棄的媽媽和弟弟復仇，她有意接近同父異母的妹妹的男友，沒想到真的愛上了他。在不想傷害彼此後，寧願自己承受一切，也不想再掀起任何波瀾。愛也好，恨也罷，真情與熾烈並存，一樣的果敢、堅強。面對不幸，毅然決然地咽下苦澀的淚水，向命運的不公挑戰、質問。

並不是只有「外來的和尚會念經」，在中國，現代自不必細說，就是在傳統禮教甚嚴的古代，也是有「敢愛敢恨」型「壞」女孩的，只不過屈指可數。例如：

我們所熟知的卓文君。她是西漢文學家司馬相如的妻子，本來守寡在家，因與司馬相如兩情相悅遭到反對而毅然選擇「私定終身」，並在自家門口開起了酒館，夫唱婦隨。此等一反常理的行徑簡直大逆不道。以現代社會的眼光看，這不算什麼，但在當時此等可敬的「敢愛敢恨」型「壞」女孩還是十分罕見的。

身為現代社會的一分子，你會十分幸運的感受到「敢愛敢恨」型「壞」女孩的魅力。前不久，一位韓國朋友以迅雷不及掩耳之勢成功的「俘獲」了一位中國男孩的心。因為喜歡，她可以跨越國界；因為喜歡，她可以主動地表達心意；因為喜歡，她不去在意旁人的眼光與看法。其實，類似的情形很多，與傳統社會女性自我壓抑相比，現代女孩幸運多了，她們恣意、自在、獨立，和男孩一樣盡情地享受著自己的人生。這類的女孩「壞」得有點像伏特加，濃烈的香，倘若沒有心理準備恐怕一時無法體會它的好。「敢愛敢恨」型「壞」女孩的愛是真誠的，也是熾烈的。她們的「壞」需要你細細的品味、斟酌，相信你會回味無窮。如果你遇到了「敢愛敢恨」型「壞」女孩，千萬不要像「完治」一樣錯失真愛，用真心去回應她們的熱情吧！

小結

「女孩不壞，男孩不愛」？這句話一定不是女孩說的，也一定不是男孩的真心話。如果一定要把愛分成「愛情的」和「喜愛的」兩個等級的話，相信大半男孩會接受這樣的觀念：好女孩是愛情的，壞女孩是喜愛的；好女孩是娶的，壞女孩是玩的；好女孩是品味，壞女孩是興趣；好女孩是所有者，壞女孩是使用者。

相信在很多人的認識中，尤其是「第一性」眼中，「壞」女孩的定義就是如此的。其實，那只是「壞」女孩的外在給人留下的印象。如果到現在仍持有類似的想法，只能說對她們的認知太淺顯了。「壞」女孩們用她們特有的方式表達著自己，時而張狂、時而神秘、時而冷傲、時而狡詰、時而乖張、時而決絕、時而叛逆、時而野蠻，無論外在怎樣的變幻，不變的是她們心靈的純淨和脆弱。雖然「壞」女孩們用盡各種方法表現自身的與眾不同，但她們依舊是可愛的女孩，內心是不會輕易改變的

無論你是否遇到過「壞」女孩、無論你遇到哪種類型的「壞」女孩，請用欣賞的眼光、真誠的，感激並祝福她們。我們的生活因為有她們而亮麗多彩！

第三章

如何看待生活中的壞女孩

第二章

現實世界中的延伸——如何看待生活中的「壞」女孩

一直都說「藝術來自於生活」，的確，再多的關於「壞」女孩的影像描述，也不如我們生活中的「壞」女孩精彩、迷人。影像世界中的點滴來自於現實生活，而現實生活是對影像世界的延伸。

好與壞是相對的，符合當時社會主流審美情趣的，基本上就是好女孩，例如：名媛、淑女，而那些總是不按牌理出牌、我行我素的女孩一定會被歸在「壞」的行列中。其實，除了黑與白，還會有灰色地帶，正所謂「仁者見仁、智者見智」。

好女孩是哪些人？吳倩蓮、楊采妮、出嫁前的山口百惠？那瑪丹娜一定就是

「壞女孩」的典型了。在香港Channel V電視節目主持人吳大維看來，瑪丹娜可是一個羞澀、內向的女人。能被人稱為「女孩子」的女性就像春季剛萌芽的樹葉，不好輕易說「好」或是「壞」。好女孩是不是就該衣衫整齊、頭髮直順、臉上的笑容明媚而沒有任何內容；壞女孩就得是穿著吊帶襪外出、凌亂的頭髮、眼神中充滿了誘惑？問一百個人，有一百個回答。

的確，多元化的今天，已經沒有一個絕對的標準，妳可以喜歡吃大閘蟹，可以不喜歡吃北京烤鴨，因為妳就是妳。女孩是生活中最美的風景線，她們也在多姿多彩、也在散發著自己與眾不同的美。中規中矩的美、狂野的美、含蓄的美、誘人的美，可以「好」，也可以「壞」。

壞女孩的率性，和好女孩的規矩；壞女孩的反叛，和好女孩的溫順；壞女孩的性感，和好女孩的莊嚴；壞女孩的自我，和好女孩的奉獻；壞女孩的奔放，和好女孩的忍耐；壞女孩的欲望，和好女孩的自律。

你不能不承認，壞女孩更具有觀賞性，她們一手創造這個世界的故事和風景。

在名利場上，在爭奪機會、財富、光彩、男人，甚至愛的時候，如果壞女孩出手，她想要的通常都能要到，而落敗的，往往是好女孩。

因為「壞」，所以惹人愛；女孩不「壞」，男孩不愛！

「壞女孩」是漂亮的，但她不是那種讓人看起來很踏實、很舒服的漂亮，用男人的話來說，是那種讓人有點心跳、有點緊張而又充滿誘惑的美。鴨舌帽、寬邊墨鏡、超短皮裙，還有叼在嘴邊的香菸，是「壞女孩」永恆的經典，只是今季的「壞女孩」們，更多了坦露胸部的短上衣，帶著花邊的褶裙，玩酷另類的同時，又多了嬌俏和嫵媚，「壞」的同時加上女性的致命武器，無疑是最令人側目的裝扮。

與好女孩相比，壞女孩總是那樣的搶眼、奪目。「黑天鵝」總是比「白天鵝」更具天生的魅惑性。

好女孩是乖乖女，按照這世界對女人的規範約束自己，傾聽卻不傾訴，為他人著想，從不放縱自己；壞女孩自信，知道自己想要什麼並努力爭取，有煩惱就傾訴，有不滿就發泄，從不做犧牲者；既然壞女孩擁有一切，為什麼還要做個好

女孩呢？

第一節　妳希望成為哪類女孩？

這個問題似乎很難回答，沒有一個絕對地選擇。儘管「男女平等」，但大多數女性仍然強迫自己扮演著陳規老套的角色，把自己塑造成理想女性的好女孩形象——年輕、苗條、自我犧牲、容忍克制，乃至力求完美的化妝。然而做個「壞」女孩意味著什麼呢？意味著發現真實的自我，去掉偽裝和虛飾，自信、誠實而堅定。

想做個自由的「壞」女孩還是保守懷舊的好女孩呢？首先要瞭解一下好女孩和「壞」女孩究竟有什麼不同。

一、善於表達自我的情感

好女孩：經常因同情別人而成為最佳聽眾，傾聽別人訴苦，卻不會哭哭啼啼地向人訴說。當然，做到不自私是挺不錯的，但當妳發現即便自己感覺很糟也總是說「沒事」；當妳總是站在隊伍的末尾，任別人插隊；當妳永遠只會傾聽卻從不會表達時，問題就大了。沒有人要求女孩一定要隱忍、一定要成為他人的輔助品，可是好女孩總是默默地燃燒自己、幫助他人。

壞女孩：當生活不順、情緒低落時就會隨心所欲地哀歎訴說；當感覺不好時就直言「別理我，好煩！」她們不怕弄糟別人的心情，也允許別人對她這樣做。壞女孩需要幫助時就會主動請求，永遠不會把自己變成無謂的犧牲者。妄想她們會獨自一人在廚房裡準備星期天午餐或刷鍋洗碗，那是絕對不可能的，除非有一支清潔隊在後面做主力替補。

二、告別怯懦

好女孩：似乎是天生的弱者，生活在模糊不清但卻恆久不變的感覺中。她們處在某種危險裡，害怕冒風險。害怕是一種生物本能，可以使我們得到安全，無所謂好與壞。重要的不是害怕本身，而是被這種情緒控制住。好女孩們總是戰戰兢兢，哪怕見到「小強」，也要高八度的驚聲尖叫。

壞女孩：拒絕蠻幹。她們既不冒不適當的風險，也不會讓危險擋住她們的去路。她們深吸一口氣，把不合理的恐懼推向一邊。正所謂「巾幗不讓鬚眉」，一樣的勇敢自信、一樣的從容不迫。女孩同樣可以撐起一片明朗的天空。怯懦只會令自己卻步不前，什麼事也做不了，何苦來哉？

三、享受生活

好女孩：從不會將自己的需要放在首位。她們是埋沒自我的犧牲者，生活在自我否定和自我約束中。一切標準以他人為核心，只要對他人有好處，自己的難處無所謂。我們需要天使，但失去自我的天使還是天使嗎？因為有自我、有個性，所以才有存在的價值和意義。那麼，忽視自我的女孩，即便美得像天使，也不是真實的。生活需要你、我、他，即便不是完美的。

壞女孩：為她們自己花錢，使自己滿足，讓自己享受。她們知道她們很重要，應該受到寬待。「壞」女孩會放下一天的工作，跑到健身中心去享受，或者把孩子留給親人，自己出去和朋友享受午餐，一醉方休。她們還和一群志同道合的「壞」女孩一起異想天開到海外度假。在一定限度內善待自己，周圍的人也會因此而快樂。不給周圍的人增添負擔就是最大的善意。學會勞逸結合、學會享受生活，因為生活並非永遠平坦。

第二節 「壞」女孩，我們需要妳！

妳好，「壞」女孩！

首先，向那些開創先例的「壞」女孩們致敬。因為有了她們，生活多了一道絢爛的色彩、多了一道明媚的陽光、多了一份撩人的氣息。寒冷的嚴冬，一片肅殺寂靜，然而當你走在大街上的時候，總會見到「不畏嚴寒」的「冬季美女」。她們似乎從未在意外界的寒冷，依舊如春、夏季一樣身穿皮短裙、腳蹬過膝長靴，一切以美為最佳標準。她們是那樣的吸引人的目光，就像雪地中盛開的玫瑰花，亮麗奪目。大地剛剛從沈睡中甦醒，「壞」女孩們就迫不及待的將春裝隆重登場，一朵朵猶如即將綻放的小花苞，送來一股股暖春的「芬芳」。夏季更是不得了，「冬季美女」們轉眼間化身養眼的夏季「冰淇淋」，清爽宜人，為煩悶的日子

注入了一股清涼的活力。倘若生活中沒有了這些不按牌理出牌的「壞」女孩，相信很多人會「鬱悶而終」。

從「男孩不壞、女孩不愛」到「女孩不壞、男孩不愛」，這多少反映了人類生活方式和個性特徵的發展和變化。從古至今，雖然一再的「教導」女孩要像個女孩樣、要循規蹈矩，但給我們後人留下深刻印象的依舊是那些突破常規的「壞」女孩。儘管她們當中確有一些女孩是真正的壞到了一定程度，但更多的是令人刮目相看的異類女孩。祝英台為了和男孩一樣入學堂敢於女扮男裝，並為了愛郎至死不渝。花木蘭可以替父從軍，在戰場上絲毫不遜色於男子，一展巾幗英雄的風采。武則天更不必細述，不但個性張揚，而且顛覆了男權社會，成為令後世敬仰的女皇帝。還有聞名遐邇的「楊家女將」，她們保家衛國，上戰場殺敵，實為現代個性女子的楷模。

時代變遷，歲月流逝，女孩的「壞」日漸生活化，不再是驚天地的「大事件」，而是就發生在我們身邊的點點滴滴。就像烹調時用的各種調味料，酸、甜、苦、辣、鹹，每一味都是不可少的。我們的生活需要這些特色各異的「壞」女孩，她們是永遠令人著迷的天使。有的「壞」女孩如女警一樣時常「暴力」相向，有的像重慶的麻辣火鍋——當時辣得你「叫苦連天」，可是「痛苦」一消失，馬上「回味無窮」，真是欲罷不能。有的「壞」女孩時常以退為進，裝扮成「林妹妹」狀小鳥依人、惹人憐愛，猶如酸奶——酸酸的背後是無盡的甜香。有的「壞」女孩冷豔懾人、精緻孤傲，但仍無一例外的被她們吸引過去，猶如「八大菜系」中的大餐，不同於家常小菜的平淡隨意，總讓人躍躍欲試，無法擺脫「迷戀」情結。

就像《哈利・波特》中魔法學校的「怪味豆」，不知道會是怎樣的一種「內情」，時時吸引你去感受、嘗試。生活是絢爛多姿的，「壞」女孩就像這些「怪味豆」一樣，時刻點綴著我們的生命。

第三節 女孩們！嘗試變「壞」吧！

或許是千百年來習慣的結果，儘管生活中的「壞」女孩呈直線上升趨勢，但不可否認的是，「規規矩矩」的好女孩仍是「主流」群體。也許，她們的內心也

會豔羨那些另類的姐妹，也會在內心膨脹起「顛覆」的渴望，但實實在在的缺少了些許勇氣，畢竟「壞」也是需要膽量的。很好的一件黑色連衣裙，只是因為胸部以上的位置是透明的蕾絲且點綴著許多亮片，就被無情的棄置入櫃，或者用盡辦法將透明的部分遮住、將亮片裁掉，以此來保持「好」女孩的本色——因為那些部位的張揚顯得太性感了。

不禁要大聲「疾呼」：把我們的女孩變「壞」吧！

女孩變壞，其實很容易。不過，想變得壞點，讓自己的生活有些變化，也有幾個條件。首先女孩不要過分認真，喜歡遊刃有餘地去生活；其二，對生活的態度要保持千變萬化；其三，真的很熱愛生活，並不認為自己所謂學壞，就真的變得不可救藥了。這樣，男孩們就會感到非常輕鬆。

任何人都不喜歡一成不變的生活。那些喜歡昏天暗地的女孩、那些喜歡和男孩調情的女孩沒什麼不好，她們是那麼富有魅力，充滿生活著樂趣，和她們在一起，是那麼輕鬆，所以，女孩應該學得壞一點。千姿百態的女人，才能叫人流連忘返。

評價一個女孩好壞的標準一直在變，不過好像總是跟善良、賢惠這些詞聯繫在一起。十年前濃妝艷抹的女人身分可疑，二十年前穿喇叭褲、戴蛤蟆鏡的女孩讓大夥覺得她前景堪憂，再往前，抽菸的女人是電影裡的女特務。如今「壞」女孩穿性感服飾、不肯做家務、只談戀愛不結婚，「壞」女孩偶爾抽支菸、喝點酒、玩通宵。但這並不妨礙她們在明星學校畢業、在外商公司任職。「壞」一點有何不可呢？難道非要一眼看穿才是真正的好女孩嗎？女孩們！可愛的精靈們！努力變壞一些吧！嘗試一下新的感受！

通常壞女孩會更受歡迎，其實選擇一個好女孩並不是不好，只是過得略為沈悶。因為做了好女孩，白白喪失了很多樂趣，又無故受了不少委屈。在《飄》裡媚蘭是個公認的好女孩和好女人，堪稱完美的楷模，但是請相信，大多數男人還是願意選擇郝思嘉。「壞」女孩總是容易占上風，為什麼呢？

因為適當的壞，是有吸引力的。

第四節 從一點一滴開始變「壞」

「女人，妳的名字是弱者！」，這是莎士比亞對女人的文學定義。

回眸歷史，自從母系氏族解體以來，女人就一直匍匐在男權社會的權杖下，束縛在各種版本的「女貞」、「女戒」的桎梏裡。身為人類的「第二性」，社會賦與她們的角色是賢妻良母，她們應該默默地躲在一個成功男人的背後，溫順、體貼、忍耐、犧牲。

不幸的是直到今天，我們在那些時髦的時尚雜誌裡，仍然可以看到男權文化的陰影在徘徊。這些雜誌整天向女人灌輸著如何取悅男人、伺候老公的流行資訊，例如：減肥、隆胸、烹飪、插花、臥房佈置、全職太太、後女紅時代、什麼樣的內衣最迷人……即便報導一位事業成功的「女強人」，也必然要捎帶幾筆寫她如何事業、家庭兼得。為什麼一定要如此呢？因為這是自古以來男性社會賦與女性的角色定位，即便再與男子平起平坐，仍不免被視為「弱者」，只因為是女性。

進入九〇年代以來，一部《好女孩上天堂，壞女孩走四方》向傳統文化提出了尖銳的質問：「為什麼溫順使我們一事無成？」——醒目地印在封面上。那麼，現代女性又該如何做到成功呢？本書大膽地提出了一個驚人的觀點：學壞！

此書風靡全球，被譽為「現代女性的聖經」。中文譯本自一九九八年四月出版在中國大陸以來，迄今已再版三次。緊接著，又推出了一部「壞女孩」續篇——《每天變壞一點點》。

事實上，早在八〇年代，一個名叫瑪丹娜的女人已經對偽善的傳統文化給予一次毀滅性的顛覆。這位「闖入貴族客廳的洪水猛獸」以叛逆、不羈，甚至放蕩的姿態，迅速成為光芒萬丈的超級明星。而成長於八〇年代的「壞女孩」，正好是吃著麥當勞、看著瑪丹娜長大的。瑪丹娜是「壞女孩」的精神教母。我們似乎可以說：「壞女孩」是被瑪丹娜教「壞」的一代。

「壞」女孩們無所畏懼，她們無所謂叛逆什麼，也無所謂表現什麼，更無所謂別人怎麼看她們。她們我行我素、自由自在，只在乎自己的感覺——只要我喜歡，有什麼不可以?

這就是「壞女孩」，二十世紀的最後一代女兒、二十一世紀的第一代母親！八〇年代流行「女強人」，九〇年代流行「壞女孩」。如果說「女強人」的出現是女人在參與社會方面追求男女平等的一次自我解放，那麼，「壞女孩」的出現是女

人在張揚個性方面追求男女平等的一次自我解放。

還記得「歌神」張學友的那首經典情歌《每天愛你多一些》嗎？好女孩們也要時刻謹記：每天變「壞」多一些！化個亮麗的妝容、穿上一件性感的衣裳，做一回迷人的自己，相信我，沒錯的！妳會看到一個有點「壞」但全新的自我！

不用過分在意周圍的目光，妳就是一道與眾不同的亮麗風景。從現在開始，每天做一點新的嘗試，從點點滴滴做起，毋以善小而不為，千萬要記得！

第五節 「壞」女孩應懂得把握自己

一直以來年輕人最受數落的前衛另類裝扮是街頭時裝，穿得奇形怪狀，冷冷的或迷惘的眼神，竭盡所能，務求旁人看了覺得其「酷」和「壞」。近年來前衛和另類已成主流，而且，年輕有個性的女孩成為「酷」和「壞」的先鋒。

其實評價一個人是不是壞，標準一直在變。當然我們知道概念上好女孩的標準，可是在今天你似乎不能斷然地說一個塗黯色唇膏、不肯洗碗做飯、談了好幾次戀愛且堅決不肯和男友受苦的女孩就是壞女孩，哪怕她還不時抽點菸、喝點酒，去PUB玩通宵。如果她念明星大學還年年考第一；如果她在公司裡位居要職，那份薪水除了應付一切的日用之外還足夠請臨時工料理家務事；如果她堅持對方應該先建立自身的經濟基礎才有資格前來討論成家立業，除了愛情之外她還堅持麵包；另外，工作之餘和同事朋友們去喝一杯，至於化妝，苦幹，能幹的實力派固然可貴，但聲、色、藝、德、智、體全面發展則更加十全十美。

在這裡打一個比方。若干年前，梅豔芳由一首《壞女孩》開始在香港走紅，黯啞的嗓子，歌詞似乎是說一個女孩在深夜的舞會上流連忘返，不願回家，並主動對男孩表示好感。原作是一首當時炙手可熱的英文歌吧！現在看起來是真的沒什麼。可是當年在香港的廣播裡禁播呢！差不多也在那時候，瑪丹娜正在美國紅得發紫，性感加一點野性，喜歡別人覺得她像瑪麗蓮・夢露。

這個世紀都快過去了，忽然間人人希望自己的生命多姿多彩。和常人活得不一樣，略為偏離正常標準，劍走偏鋒，當然要付出比常人更多的代價，可是，也許有驚喜在前頭等著呢！也許，也許就真的找到另一處優美的景色。

事情的真相是，其實妳並不是真的壞，妳只不過是虛晃一遭，旨在吸引大夥

注意力，等大夥定睛仔細一瞧，妳好得很。適度的「壞」一直有著奇異的魅力，前面早有無數前輩深諳其中之訣竅，得道良久，位列仙班。

適當的「壞」一直以來均能吸引較多的注意力，不過，眾目睽睽之後務請做得比旁人更好。萬事一旦過度，就難免會物極必反。「壞」女孩可以談無數次戀愛，但內心永遠是充滿真心，不會玩弄對方的感情；「壞」女孩可以穿著性感、濃妝豔抹，但內心獨立、自尊，不會淪為「第一性」的玩物；「壞」女孩可以恣意妄為、任性耍心計，但不會傷害旁人，只會用自己的智慧為周圍的人帶來快樂，「鬼主意」中盡是純情與可愛。

過度的「壞」與過度的「好」其實在本質上是一致的，都會令生活乏味。些許的變化、多姿的點綴，就像魔法師的魔杖一樣，將南瓜變成華麗的馬車、將醜小鴨變成美麗的公主，不過一定要記得，過了午夜十二點就結束了。外在的「壞」可以不斷的變化，隨妳高興，內在的「好」不可迷失，這樣的「壞」女孩才是真正「最可愛的人」。

「壞女孩」比好女孩更易擁有一切，但為什麼還要「壞」得適度？還要有一個好女孩的本真呢？惟一的理由，或許就是成長。小妖精真的很可愛、很魅惑，但誰也不能是永遠的小妖精，連瑪丹娜都不行。當女孩的年華漸漸走遠，一個好女人的善良、恬淡，會釋放另一種持久的香氣。

第六節　一起欣賞「壞」女孩

這是一篇在網路流行的關於「壞」女孩要「洗心革面」的計畫書，請大家一起來欣賞一下「壞」女孩的與眾不同吧！

親愛的：

我決定洗心革面重新做你的好老婆。你說過，如果我是賢妻，而不是閒妻，你會把經濟大權轉讓出來！所以我擬訂了一個最新方案：

一、減慢我的化妝品更新頻率。但你不能把這項費用歸於維修費，而應當歸於裝修費。

二、我儘量控制我的手機費用，但是你不能把帳單試圖貼在我臉上，造成人為恐慌。

三、家裡的衣服我儘量一週洗兩次，一次是把一週的內衣洗乾淨，另一次由洗衣機代勞。但是你不能大叫：衣服上面長蘑菇啦！你要知道現在已經入冬了，不容易發黴了。

四、我還是決定騎我們家最舊的那輛老摩托車上班，不讓你再說世界上有很多小偷是我養大的。

五、我會儘量在當天就回家。要知道有些應酬是推不掉的，你也用不著讓我的手機帶二十四小時全球定位功能。我通常是不和女孩出去玩的，因為我喜歡白吃白喝，所以不用擔心費用問題。

六、即便是工作上的應酬，我也要向武松學習：三碗不過崗，喝到三碗我就裝醉。我會只挑貴的那幾瓶紅酒猛喝，而啤酒我最多用來漱漱口。

七、我會嘗試摺棉被。你說每天回家屋裡像豬舍，其實我說了幾百遍了，不摺棉被是為了透氣。

八、最近我決定大規模裁軍，共計十個手指甲。以後你惹我生氣，我再也不會使九陰白骨爪了。

九、我痛下決心決定減肥。但是你不能在我胃口大開的時候，跳出來說那種食物能提供多少熱量，而且假裝滿世界找我的腰在何方。

十、我可以把我電腦桌面上那個「精靈弓箭手」尼古拉斯的照片換掉，但你總不能換個ＭＭ上去吧？

十一、我以後不拿你和其他男人做比較了。早知道比不過，何必惹你生氣？我會用上等馬對中等馬的戰略，拿你的優勢和別人的劣勢比，這樣我會覺得嫁給你能讓我一輩子沾沾自喜。

十二、以後「將在外君命有所不受」的觀念我會改的，我一定會出去前就告訴你，和誰、在哪兒、幾點回家。不會等喝多了再告訴你，讓你來接我。

十三、撒謊的時候我會考慮打好草稿事先演練，努力把撒謊技術提升到揭不穿的程度。

十四、我在電腦上玩遊戲時，你再叨嘮，我會儘量不出聲。其實我玩遊戲的時間不覺得太長，我說馬上結束，從來沒有超過四十五分鐘。你要跟我搶電腦寫報告，我不再跟你吵，頂多把電源拔掉。

十五、我肯定以後不會在BBS上說你壞話了，不過你也可以馬上做兩件好事呀！我就能說你好話了。例如：我這個月的外快快用完了，上半年獎金花剩下的我上個月就全部交給你了，好像有四塊多，是全部獎金的0.8%，比銀行利息還高呢！你是不是先給我兩萬元湊合著用？

如果你是她的老公，是不是鼻子都要氣歪了？可是在哭笑不得的同時，會不禁更加迷戀你的「小妖精」，因為她「壞」得可愛、「壞」得有情趣、「壞」得惹人愛。

其實，世上的事，並非非此即彼、非黑即白，所以，女孩也不是「非好即壞」。「壞女孩」只是更隨性、更灑脫、更為自己而活，就像「永遠的天后」梅豔芳，曾是「壞女孩」的鼻祖，但她的率真、她的堅韌、她的俠肝義膽成為人們心中永遠的掛懷和牽念，讓我們學會欣賞「壞」女孩、永遠都愛「壞女孩」吧！她們的「壞」流露出一種本真的美，她們是最真實、最自我的天使！

第四章 走進壞女孩的內心世界

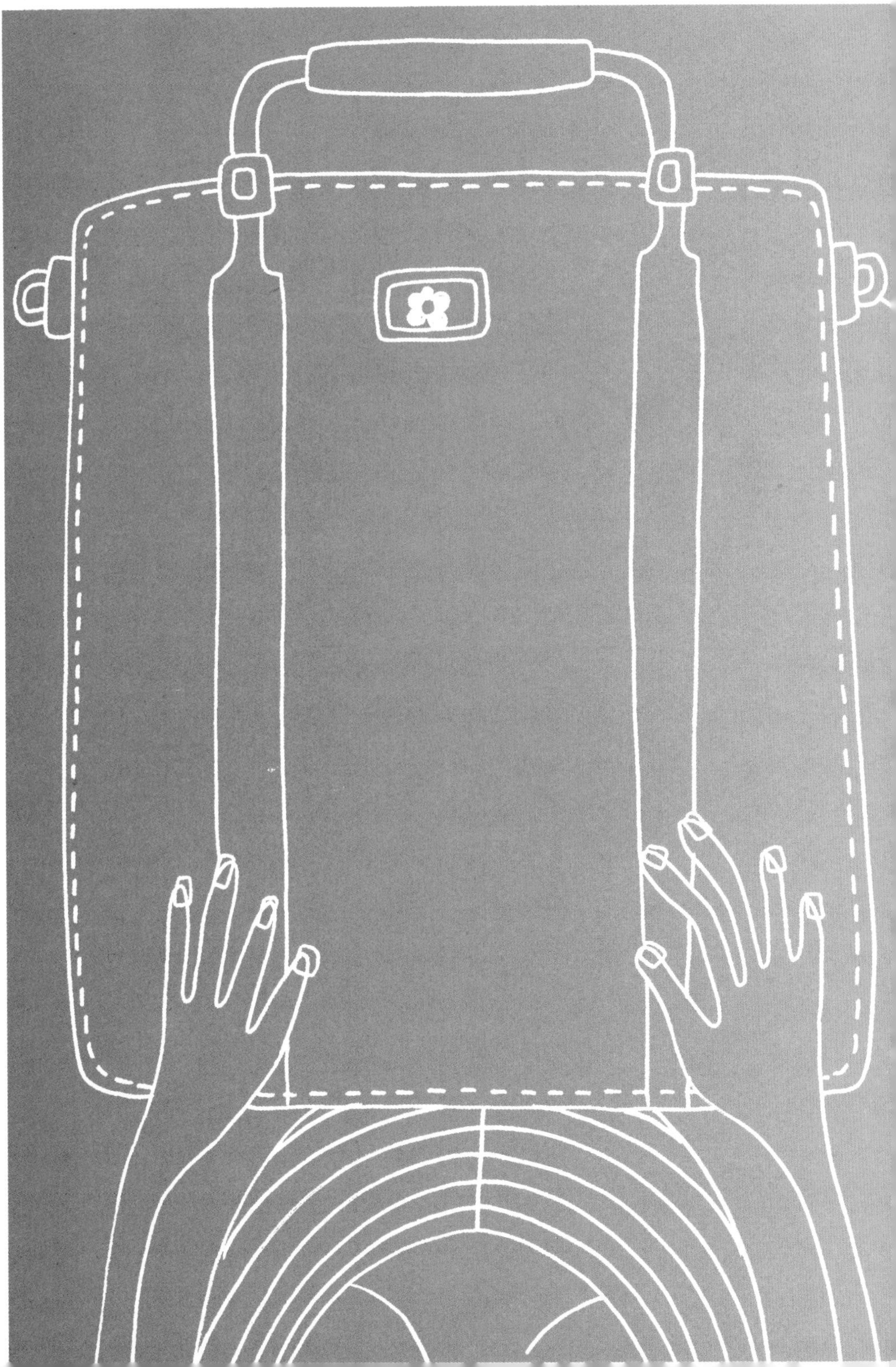

第四章 走進「壞」女孩的內心世界

第一節 外在與內涵

偶然經過報刊亭，總會情不自禁的被花花綠綠的封面弄得眼花撩亂，定睛一看幾乎全是漂亮的女孩，性感的、憂鬱的、知性的、溫婉的。女孩，無論她是否美若天仙，都希望自己是最迷人的。從「小龍女」到「滅絕師太」，從古代仕女到現代師姐，漂亮永遠是第一位的。楊貴妃用牛奶沐浴，慈禧用中草藥美容，內在或許不盡相同，但對外在亮麗的追求卻是孜孜不倦的。曾聽一位師姐篤定的告訴我，世界上的男人，不管老的、少的，胖的、瘦的，帥的、醜的，無一例外，都喜歡美女。或許有點偏激，但這多少道出了女孩十分重視外在的原因之一。古人

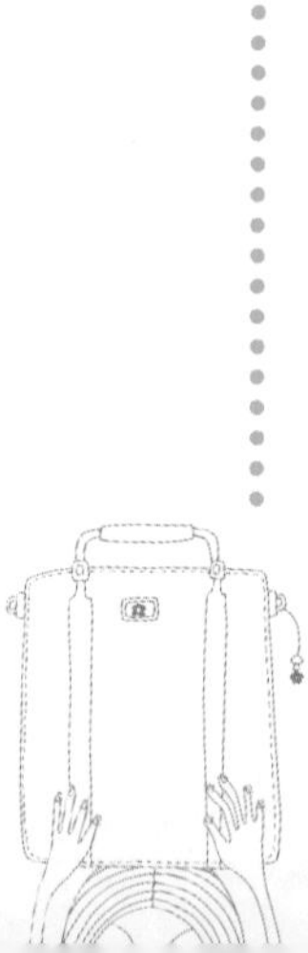

云：「女為悅己者容。」雖然現代社會的說法成了「女為己悅者容」，但都能看出容貌，或者說外在對女性的重要。不辭勞頓的往美容院跑，花大量的時間逛街、買衣服，翻閱大量的時尚報刊，看時裝秀，目的只有一個：越來越漂亮！

誠然，外在的靚麗的確能為自身增色不少，畢竟第一印象是從外在獲取的。然而，凡事過度都會物極必反，過分的在意外在的好壞，忽視了內在的歷練，只會有一個結果——落入俗套。正像生活中經常說的「不是因為美麗而可愛，而是因為可愛才美麗」。外在是對表達內在的一個很好的媒介，可是倘若失去了更為重要的內涵，外表再光鮮也是禁不起歲月的考驗的。以大眾情人張曼玉來說，先前的她在容貌上並不是頂級美女，當然比現在的她要年輕、活力。但隨著歲月的流逝，她自身修養的提升，儘管不再青春，但魅力優於從前，可以說簡直不可同日而語。原因何在？很簡單，氣質、品味、修養，一切都是由內而外自然流露，非外在刻意修飾就能一蹴可幾。

外在與內涵，相輔相成，缺一不可。經常聽聞高學歷的女孩很難找到男朋友，究其原因，除了能力太強對「另一半」的心理構成壓力外，另一個原因恐怕就是高學歷的女孩不漂亮，一副不修邊幅的學者型風範。這樣一來，即便一肚子學問，也無法盡情的施展。所以說，時常的留意自身的外在形象是很有必要的。當然，兩者相比較，後者更為重要，畢竟人不是靜止的畫，不是只看不談的神交，所以內在的豐富是首當其衝的。一直很喜歡英國已故的王妃戴安娜，親切、和善，端莊、俏麗，是內涵與外在俱佳的典範。據瞭解，這不是一朝一夕就能練就的，需要自己不斷的留意、歷練。曾發生這樣一件事，戴妃參加一次宴會，對政治並不感興趣的她一聽到「red China」就興致勃勃地聊起了藝術，因為她把「red China」誤會為「red china」了。這件事使她感觸很大，此後，她漸漸注重自身在政治方面的修養。可見，外在的美再眩目，沒有良好的文化底蘊作為基礎，也是枉然。

現代社會的女孩，尤其是「壞」女孩，有了提升自身文化水平的機遇，也開始懂得如何將兩者很好的結合。那些真正「壞」得有品味的女孩都是深諳此道的「行家裡手」，因為「壞」也需要智慧和靈性。怎樣才能使自己成為一個「壞」得有魅力、有品味的時尚先鋒呢？

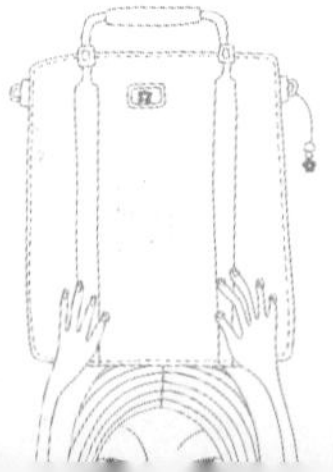

一、如何成爲內外兼修的「壞」女孩

魅力女性的秘訣

廈門大學的林丹婭教授認為，一個有魅力的女性通常具有內外二方面的素質與修養。內在的素質與修養主要體現在以下幾個方面：

第一是個性迷人，不管是婉約內斂型還是豪爽奔放型，出自天然自怡人。

第二是心理的健全與健康，一個有病態或異常心理嚴重的女性，會令人退避三舍。

第三是教育背景很重要，這是一個知識改變命運的時代，知識本身就有一種不可抵擋的魅力，好的教育背景，擁有豐富的知識將會使一個女性無論身置何時何地——無論是在社會公共空間裡還是在私人空間裡的活動，都會煥發出從容自信的光彩，這是非常吸引人的，書香滿腹氣自華就是這個意思，這是當下女性魅力的重要組成元素。

第四是工作技能，不管做什麼工作，她一定要有一技之長，要有謀生技能，只有這樣，才能爭取經濟上的獨立。一個依賴他人不能自立的女性是談不上有什麼魅力的。

第五是一種很高的境界，就是智慧。一個有智慧的女性因為她的處事得當、言行合宜，會使貧乏的日常生活變得生動而有意味，這樣的女性其魅力有誰能擋？優雅是一種風度，它也具有魅力的一面。它更具有文化雕琢的痕跡與功效，是古典修養的外在體現。在小資情調成為都市生活時尚的今天，它讓人追捧與著迷。

從外在講，充滿美感的外表是魅力組成的一部分。它不是指眩目而蒼白的美貌。在今天，女性光靠美貌就是在選美比賽這樣的場合中都無法完全征服評委與觀眾，遑論其他。所以它指的是一個再有文化內涵的女性也要有意識地把自己的這份文化修養與品味體現在自己的外在上，提倡要修邊幅。一個女教授從不修邊幅到修邊幅的改變是不容忽視的，對她來說，只要她意識到了，那是成功了，根本不用費勁、費時就達到一夜之間令人刮目相看的效果。這種效果更好地煥發出她身為一名女教授的神奇魅力。所以，每一位女性都應該有意識地注意這方面的修飾。應該學會裝扮自己，在髮型、臉部修飾以及服飾搭配上花點功夫，讓自己

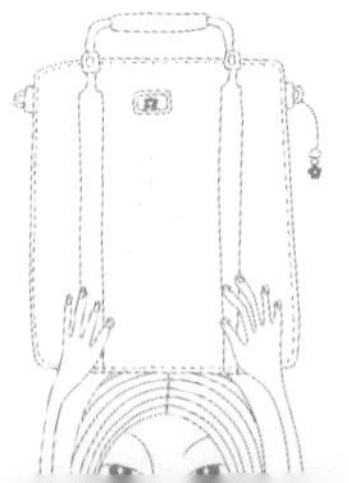

從整體形象上體現出自己的個性與文化品味。當然，外在還包括言談舉止。

二、「壞」女孩的外在與內涵

女性，無論多大的年齡、從事什麼樣的行業，內外兼修是必須的。這條路將伴隨女性一生的成長。誠然，不同的階段有著不同的特點。時尚社會的青春女孩們又應怎樣讓自己「壞」得有個性、「壞」得有水準呢？「壞」字可不是外在簡簡單單的裝扮就能體現出真正韻味的呦！「壞」也是內在品味和獨立追求的個性凸顯，否則再「炫」的外表也只是空殼一個，毫無意義可言，也只能流俗於真正的壞了。

1.書香滿腹氣自華

與外表的華麗相比，內涵是更為重要的一面。每一個女孩都是有血、有肉的實體，不是擺放在櫥窗中供街上的行人駐足觀賞的飾品。心靈的溝通、言語的交流，才能感受到一個女孩的魅力所在。就連一向注重外貌的「香港小姐」評選都越加的看重選手的學歷、談吐、氣質，外表的靚麗只能吸引一時，恆久的芳香緣自內心的清新脫俗。記得安徒生的童話裡有這樣的一則故事，一個善良的小姑娘遇到了一個有魔法的女巫，她給小姑娘施了法術。回到家，小姑娘一說話，就會從嘴裡吐出金銀珠寶。她的繼母得知後非常嫉妒，就讓自己的親生女兒也到小姑娘遇到女巫的地方獲得這樣的好運。可是事與願違，女巫是遇到了，可是吐出來的不是金銀財寶，而是蟾蜍、蛇等污濁之物。真是個愛憎分明的女巫，不禁教人拍手叫好！童話裡的故事當然不可能成為事實，但其對生活的寓意確實深邃。兩個女孩遇到同樣的事，結果卻截然相反。吐出之物其實也就是她們內心的寫照，前一個小姑娘心地純良、溫柔真誠，自然吐出寶物；後一個小姑娘，內心醜惡、貪慕錢財，不吐出污濁之物還能吐出什麼呢？內在的修養尤其重要，特別是女孩，失去了這一前提，一切都是空中樓閣、虛無縹緲的。套用BEYOND的歌名來形容——無盡空虛！

現代社會，女孩有了更多發揮自身潛能的可能性。「眩目」、「另類」不再被當作異類加以棒斥，凸顯自己的個性已經成為所有女孩的共識，比賽看誰「壞」得夠勁。然而，細細的品評，仍不免覺得還是那些心香自溢的女孩散發著持久的

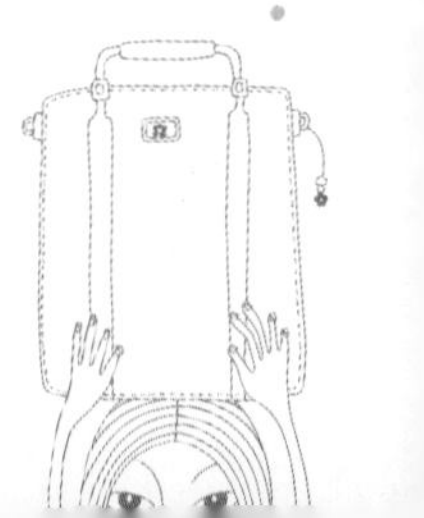

芬芳。不禁想到了我們的徐導，擺脫了「偶像女星」的瓶頸，走出了一條才女型的藝術之路。單從《一個陌生女人的來信》的書法題寫，就能領略其有別於其他女明星的內涵修養。種種跡象顯示，做一個「壞」的夠味的女孩，內在的歷練是絕不能放鬆的。

常說國外的女孩高傲、漂亮，的確，說著一口讓人聽不懂的外國話，身著時髦的靚裝，氣質高雅，又怎會不讓人覺得高不可攀呢？所以說，諸位姐妹們，要想「壞」，還要從自身做起呀！

①博覽群書

讀好書，當然是必不可少的，但這裡的書不止是教材，更重要的是具有豐富文化內涵的文學精品。國內外的優秀作品，盡可能的多讀，當然別把自己的眼睛糟蹋了。讀書，除了在頭腦中獲得養分外，更像練習書法——磨練心性。資訊社會，媒體發達，各種誘惑比比皆是，讀書與之相比，視覺衝擊力處於弱勢。禁不住花花世界誘惑的女孩，難免會在自身修養的道路上吃些苦頭。畢竟讀書是件清苦的事，需要耐得住寂寞。不是有這樣一句話——在孤獨和真實之中，人們才會發現自己！

②藝術魅力

二十一世紀的時尚女孩，要學會鑒賞藝術，有藝術品味是保持「壞」度的必經之路。插花、茶道、輕音樂、繪畫、芭蕾、瑜伽……等等，諸如此類，不要附庸風雅，真心喜歡，用心去做，才是「得道成仙」的必備要素。徐靜蕾學過書法，章子怡學過芭蕾，當然妳可以說她們是搞藝術的，必須要這樣做。可是也正是如此，我們才欣賞到她們的與眾不同，豔羨她們的個性魅力。不是明星的妳，一樣要注重自己的藝術修養，因為妳也是個有生命意義、充滿個性魅力的個體。想要「壞」得高雅嗎？下定決心，開始吧！

2.「炫」出個性的真我

有了必備的內涵修養，才有談如何讓外表絢麗的基礎。外表不再只是簡簡單單的裝扮、避醜，而是體現自身修養的輔助措施。一個內涵再優秀的人，倘若忽視外在對其魅力、學識展現的作用，那結果只是徒勞無功。修飾外表也是一種能力，是內在品味、氣質的綜合體現。具備了這方面的能力，會讓妳「炫」得出

彩，「壞」得迷人。

①捕捉最前端的時尚氣息

如果妳還不知道《美麗佳人》、《ELLE》、《MINA》等時尚雜誌的話，恐怕就需要惡補一下了。要想做個回頭率超高的「壞」女孩，掌握最新流行資訊是必不可少的，這可是「必殺技」。經常看看有關時尚的節目，關注世界服裝流行走向，最簡單的辦法就是留意一下明星們的時尚穿著，不是每年都會有一個「萊卡風尚大獎」嗎？時間一長，心得自然不會少。周圍愛美同伴的點點滴滴也是學習的好機會，不要放過呦！別不好意思，相互學習，截長補短嘛！美是共用的！

②不要忽視小飾品

一個漂亮的韓國美媚這樣說過，耳環、髮型、衣著是成為美女的三大基本要素。其中耳環是絕不可忽視的重要部分。的確有這樣的感受，有時穿上一件新衣服，總覺得平淡無奇，可是加上一兩件小飾品馬上靚麗起來。小飾品就像甜品一樣，不可能做主食，但沒有了它們卻感到乏味。飾品就如關節點，將每一部分巧妙的串聯起來，形成一個完美的整體。有時間的話，逛逛飾品店吧！妳會有意想不到的收穫！

曾見過一個女孩上衣是黃色的，褲子是綠色的，本來覺得顏色過於光鮮，可是她佩戴了一幅黃綠相間的中式長耳環，一下子就協調了整體。突兀反而成了個性美，非常吸引人的目光。

③瞭解自己，切忌「盲從」

有沒有過這樣的感覺：看到別人穿什麼都很好，一旦穿在自己身上就變質了？有這樣的心理，一是對自己沒自信，要求過高；二是那件衣服真的不適合妳。要清楚自己到底適合什麼樣的裝扮，必非一朝一夕就能瞭解，需要不斷的摸索。「壞」女孩的魅力之一就是很清楚自己適合什麼、需要什麼，所以總能恰到好處的表現自己的個性。「個性」與「流行」往往有衝突的地方，流行固然重要，但將流行元素與自身的特色很完美的融合為一體豈不是更好嗎？總是跟在所謂的「潮流」後面東施效顰，又哪裡談得上「壞」得有個性呢？一個真正「炫」得有特色的「壞」女孩是懂得如何分清「盲從」與「時尚」的。

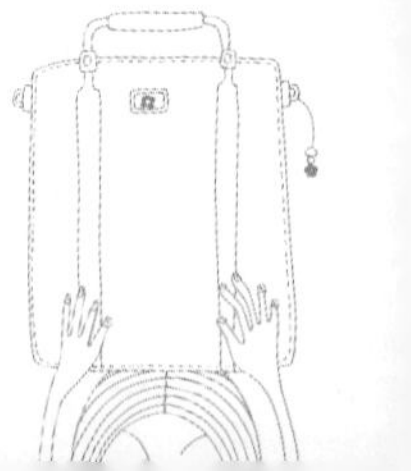

三、內外兼修的典範

1. 奧黛麗·赫本

她的名字簡直成了天使的代名詞，楚楚動人、高貴善良。無論是《羅馬假日》還是《窈窕淑女》，無一例外的都會被她征服。純情的眼神、靚麗的容貌、脫俗的氣質，使她永遠留在人們的心中。最喜歡她在《羅馬假日》裡的形象，簡直無可挑剔。外表純美、高貴，而點點滴滴都能流露出她內在的修養，談吐不俗，沒有絲毫的虛偽造作。外在與內涵在奧黛麗·赫本身上得到完美體現。她可以為了照顧孩子一直處於半隱退狀態、可以為了世界上的孤兒獻上自己的愛心、可以在身患癌症的情況下依然以聯合國「愛心大使」的身分奉獻關愛。她有著天使般的容貌，更有著天使般的心靈，所以，至今，我們依然愛她。

2. 林徽因

她是公認的一代才女，中國的第一位女建築學家，也是一位著名的作家。二十世紀三十年代初，與夫婿梁思成用現代科學方法研究中國古代建築，成為這個學術領域的開拓者，他們的工作為中國古代建築研究奠定了堅實的科學基礎，並寫下有關建築方面的論文、序跋等二十幾篇。在文學方面，她一生著述甚多，其中代表作有：《你是人間四月天》、小說《九十九度中》等。此外，一九四九年以後，林徽因在美術方面曾做過三件大事：第一是參與中國國徽設計。第二是改造傳統景泰藍。第三是參加天安門人民英雄紀念碑設計，為民族及國家做出了莫大的貢獻。如此具有才情的女子，更是一位容貌不俗的清秀佳人。她與梁思成、徐志摩之間浪漫的愛情故事至今為人們所稱道。

3.戴安娜王妃

儘管她已經香消玉殞近十載，但她一直無法被世人忘懷。這朵迷人的英倫玫瑰，親切自然、高貴典雅。在她身上既能看到平民式的可愛，也能領略到皇室貴族的內斂、矜持。戴妃像每一位普通母親一樣參加威廉所在學校的家長運動會，帶著兩個兒子一同在遊樂園嬉戲，回國後給威廉一個深情的擁抱。也會跑到雷區看望不幸的兒童、傷殘人士，真誠地與愛滋病患者握手交談。相信也一定領略過她頭戴皇冠、典雅迷人的王妃風采，看到過她身著運動裝在倫敦大街晨練的照片。親和與時尚、真誠與高貴，在喜歡她的人心中，戴妃永遠完美無瑕。

4.張曼玉

有人說她遊走在東西方之間，一會兒是個幹練、俐落的香港女人，一會兒是個滿口英文、法語的歐洲客。既有東方的典雅，又流露著西方的閒適，總之，一個美的夠味的女人。從外表看，歲月的刻痕反而為她增添了無盡的韻味，《花樣年華》中的婀娜足以將她排到外形出眾的美女行列中。她的努力都是在不經意間體現，自身優雅氣質的獲得也是在歲月中不斷歷練，非一朝一夕就能擁有。

5.姜豐

這個在獅城名聲大噪的美女加才女在英國結婚了。告別了《文化視點》，來到英倫三島攻讀康橋大學的博士學位。沒有人會懷疑她的才能，一直將她視為文化美女，她主持的欄目總是顯現著學者風範。喜歡她、她的書、她的節目、她的美。她是一個聰慧的女孩，兩隻大眼睛充滿靈性；她是一個懂得不斷充實自我的女孩，有勇氣拋開一切，到異國他鄉苦讀深造；她更是一個清楚如何成為「靈氣美女」的高手，知道再美的容貌也有蒼老的一天，唯一不變的是女性內涵的豐富與充實。

歷數了這些內外兼修的高手，相信妳心中已有了學習的目標。願每一位美眉都成為「壞」得有品味的俏佳人！

第二節　愛情與自我

一、愛情與事業

對女性而言，似乎這兩方面是沒有明確分水嶺的，不是經常聽到這樣的言論——女人最大的事業就是找個好老公。你看，愛情與事業，或者說婚姻與事業，完全是一回事了。女性從進入父系社會開始，就逐漸將角色定位在「主內」上。女人不得干預朝政、女子無才便是德、女人不能拋頭露面、大門不出二門不邁……等等，都將女性從小就禁錮在家庭瑣事之中。不可否認，由於自身的性別特點，女孩更善於處理細節、更適合做女工、烹飪、照料家人這樣的事情，但不能憑此就斷然認為女孩們只能做這些，只會做那些。

在母系社會時期，女性就是社會和家中的權力中心，一切大小事情均由女人

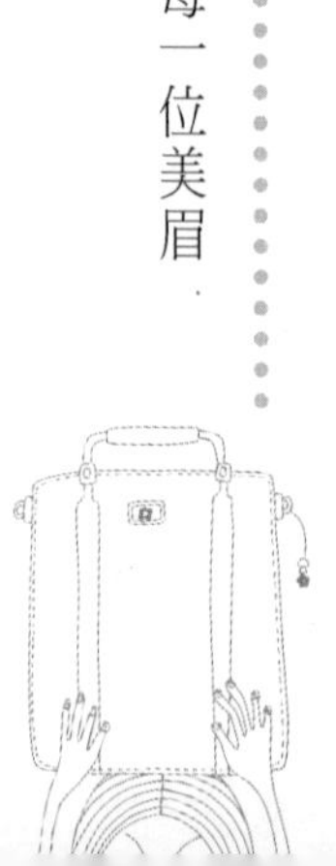

掌管。只是隨著社會的發展，分工的不同，女性才將「權力」承讓給男性。雖不如男子孔武有力，但巾幗不讓鬚眉，女孩同樣可以做男孩兒能做的事情。性別截然不同，然而除此之外，大自然賦與人類的一切都是對等的。戰爭總是和男性聯繫在一起，但古有聖女貞德、木蘭從軍、楊門女將，今有女軍人、女特工、女警花，她們和男性一樣的颯爽、有魄力。

女孩天性多愁善感、心思縝密、敏感多情，所以無論是《西廂記》、《梁山伯與祝英台》，還是《情深深雨濛濛》、《幾度夕陽紅》，女孩似乎天生就是為愛情而生。纏綿悱惻、轟轟烈烈的愛情幾乎就是女孩來到人世間的「主打曲目」。而事業，不是做個賢妻，就是做個良母，總之都要圍著男人、家庭轉。偶爾寫個詩詞、畫個小畫，也是興致使然，絕稱不上是什麼事業。誠然，做個好妻子、好母親，是每個女人都很重視的「事業」，但那只是生活的一部分，其實，女孩能和男孩一樣在家門之外成就一番事業，實現自我的人生價值。前面提到的林徽因，不僅是個賢內助，更是才華橫溢的女學者、女建築家、女文人。武則天，更不用說，成為君臨天下的一代帝王。再看看現代，女首相、女國務卿、女總統、女

CEO、女學者，出類拔萃的女性在扮演愛情女主角之外，將自己的事業也打理得井井有條。或許，有時兩者難免出現衝突，然而孰重、孰輕，只能是「仁者見仁、智者見智」了。

1.傳統的觀點

上至帝王的妃嬪，下至平民百姓的妻妾，在傳統社會的倫理道德中，女性是從屬於男性的，小時候從父，長大後從夫，年老時從子。完全沒有自我，生存的意義就是為她們的「天」服務。唯一能讓女孩魂牽夢縈的就是對未來美好愛情的遐想，從懂事起，點點滴滴，雖然不能完全由自己做主，但待嫁前的純潔幻想一直充溢在心。一般來說，女孩是不能到學堂和男孩一同讀書的。官宦之家的小姐只能在家中學做女工，讀一些專為女孩準備的「經典讀物」，如：《女誡》、《女則實錄》等，為唯一的「事業」——相夫教子打好「基礎」。幸運的話，遇到稍微開明的父母，可以讀到一些文學作品，豐富自身的文化底蘊，例如：《紅樓夢》中的林黛玉。窮苦人家的女孩就沒那麼有福氣了，不是下田工作、維持生計，就是在「女子無才便是德」的影響下早早嫁人、傳宗接代。

當然，事情沒有絕對的，即便在對女孩束縛甚多的傳統社會，依然有「大女子」，有敢與男性一決高下的「女中豪傑」。她們與男性一起逐鹿世界、平分秋色。事業，在她們心中，已不再是「庭院深深」，而是外面廣闊的世界、是才華的施展，是價值的實現。班昭，她著述《女誡》，雖是教導女孩應如何克己復禮，但她本人則以文學造詣開創了自己的另一番事業——著書立說。眾所周知，中國的封建社會中，女子是不能干預朝政的。政治，幾乎不可能走進女性的事業範圍。可是幸運的是，我們依然能在歷史中找到呂后、武媚娘、上官婉兒、太平公主、慈禧太后……等等這樣的女性，功過且不做評論，單憑能在男性主導的世界裡分一杯羹這一點，就已經是有違於傳統觀念的了。

儘管有這麼多前輩已經為後世的女孩「殺」出了一條血路，但從內心來講，傳統女性最渴望的仍是愛情。即便沒有自我、即便沒有才華，只要有了令人神往的愛情、有了可以長相廝守的伴侶，其他什麼都不重要了。把愛情視為終生事業來經營，使得傳統女性永遠地成為男性的「地」。事業，到了社會分工愈加細緻、女性的施展空間愈加擴大時，才為更多的女性所重視，甚至與傳統的「事業」—

—家庭與愛情背道而馳。

2.現代的轉變

①觀點的多樣化

時空變換，轉眼到了二十一世紀的今天。再瞧瞧我們的女孩們都在忙些什麼呢？愛情依然是永恆的主題，但不再是生活的唯一重心。在愛情與事業之間，女孩們有了更多的選擇。如果可以的話，相信所有的女孩都會舉雙手贊成要愛情事業兩得意。可是天下沒有絕對的好事，多半是只能唉聲歎氣的「一艘船風順」，另一艘則要「傷心太平洋」了。具備傳統素養的女孩仍會在愛情的偉大力量前「俯首稱臣」，將自己追逐的事業忍痛割愛。因為在潛意識中，有了好的歸宿就是女人最大的幸福。記得看到過這樣的一則故事：一個教授要做一個遊戲，請一位同學配合。一位女孩主動舉手，大家也饒有興致的等待著。教授請這個女生在黑板上寫出她認為和自己比較親密的二十個人，女孩很快地就寫出了一串名字。緊接著，教授請她刪掉她認為比較可以割捨的人，她刪掉了一個。教授又讓她繼續讓她，她又刪掉了一個。就這樣，最後黑板上只剩下了她的父母、丈夫和孩子。班

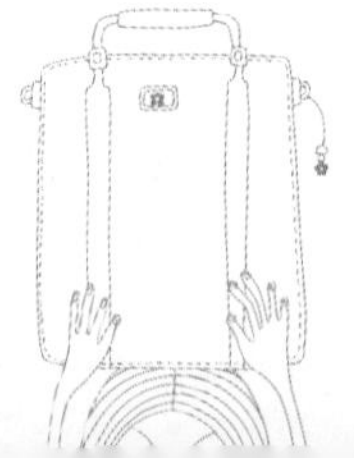

上的同學也漸漸感到這不是一個簡單的遊戲了，都屏住了呼吸，等待這個女孩的下一步選擇。當教授要求她繼續刪掉時，她猶豫了一下，然後把父母刪掉了。最後一次選擇時，看得出她很痛苦，但仍然堅持做完了這個「遊戲」——刪掉了孩子。之後，這個女孩痛哭失聲。等到她的心情稍微平靜的時候，教授不解的問她：「父母是生養妳的人，孩子是妳的希望和未來，而丈夫是可以再尋覓的，妳為什麼最後只保留了丈夫呢？」女孩娓娓道來：「他們都是我最親密的人，可是父母總是要先我而去，而孩子遲早有一天要擁有自己的生活，能陪我終老一生的只有我的丈夫。」從這則故事中能感受得到女性對於愛情的重視，將其視為終生的依靠。所以，儘管世事變遷，可是癡男怨女們仍在上演著一幕幕愛情悲喜劇。

變化終究是存在的，你方唱罷我登場。傳統女性在愛情與事業的爭奪戰中，固守愛情的同時，現代的時尚女孩們卻在以「壯士一去兮不復返」的大無畏氣勢追逐著理想，寧願捨棄愛情。心也在痛、也在「滴血」，怎奈心中有鴻鵠之志，焉能因小失大？於是，高學歷、高年齡、高收入、無愛情的女孩越來越多。一個人多自在，想去哪裡就去哪裡；有了愛情，也免不了分手，又不會為了他而放棄自己的夢想；有時很孤獨，但有時也很享受，可是不這樣的話，心有不甘；談戀愛當然可以，但不能因為這而讓自己放棄什麼。一直豔羨我的表妹，她是屬於「生產」、「建設」互不衝突的。豔遇不斷，學習的空檔還可以享受愛情的滋潤。奇怪的是，一到了她的學業處於關鍵期的時候，愛情就立刻退而求其次了。每每見她獨自傷心，總是忍不住要詢問為什麼一定要把自己搞得這樣痛苦。她卻言之鑿鑿的說：「戀愛當然甜蜜，但不能影響我未來的發展。早晚都要分手，長痛不如短痛。有緣的話，自有相見的一天。」唉！無語問蒼天！現代女孩果然「壞」得有殺法。

過去，如果三十多歲還未出嫁就會引起非議了，似乎女孩一定要及早找到歸宿。而現在，為了實現自我的人生價值，一切皆可拋，包括愛情。很多女孩沈浸在自我的理想世界中，讓男孩們望而生畏、卻步不前。而女孩們則瀟灑的甩甩頭說，沒有愛情一樣過得開心、舒服，「寧為玉碎不為瓦全」，沒有心靈上的交流，即便有男友也沒有愛情。有的高學歷女孩則沈浸在學術研究中，她們對自己的婚姻問題並不是很著急，但是她們的父母親友卻已經急得吃不好、睡不著了。很多

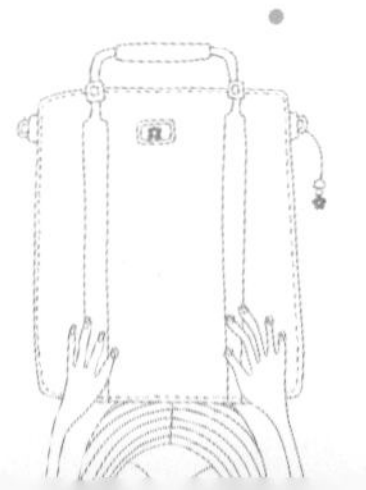

高學歷女性對於生活、事業有她們自己的理解，鑽研科研讓她們無暇顧及自己的終身大事。而另一方面，隨著時間的推移、社交圈子的縮小，年齡又成為她們戀愛、結婚的一道門檻。

不可否認，總是有那種坐擁愛情與事業的「神仙姐姐」，一會兒是以男性為主導的社會中的佼佼者、一會兒又是盡顯「小女兒態」的幸福女主角。著實羨煞旁人呀！無論是哪一種，有一點與傳統全然不同，那就是女孩在愛情與事業的取捨中愈加自我、愈加個性化。

②「壞」女孩的愛情與事業

「許多平凡的女子，都幸福嫁人，有了自己溫暖的家和孩子，我們卻依然孤家寡人，在這個城市裡遊蕩。」從二十七歲到三十歲，Sally彷彿一直在與空氣戀愛。巴黎，並不總是代表浪漫，還有分手與心碎。「其實那三年裡，我真的錯過很多人，都是條件很好的男生，我卻寧可守著一段虛無縹緲的愛情，是不是真的很蠢？」Sally惆悵難言。能做總監的sally當然不會蠢，可是有時候，一紙婚約尚且攔不住變心的翅膀，何況是段並不驚天動地的愛情？

現代新女性勇於跟男人較量，在各個場面與男人滔滔雄辯，比實力，一副不讓鬚眉的英姿，著實令人佩服。但女人要不要時時刻刻鋒芒畢露呢？男人那發自肺腑的「溫柔賢淑的女人哪裡去了」的告急呼聲，女人們該做何反應？曾有一名女子，她很愛慕一位事業成功的男士，為了能配得上他、能得到他的歡心，該女子費了九牛二虎的努力，最後，她的學識、辦事的雷厲風行，都令人刮目相看。每與此男士約會，她都能在他的學術方面滔滔不絕。然而，那男士後來娶的，卻是另一位默默無聞的女孩。

新世紀e時代下湧現出更多的女富婆，她們用汗水、智慧、美麗作資本，去換取了豐衣足食的物質生活。那麼她們的感情和精神生活也一樣地如意嗎？有了財富是否意味著在男女平等問題上更具有主動權？恐怕很難如願。女孩們孜孜不倦的努力奮鬥著，希望自己事業的成功，為愛情的獲得增加砝碼。然而似乎擁有的越多，愛情就愈加成為稀少資源，漸行漸遠。例如：在北京這樣一個車水馬龍的大城市裡能夠擁有一棟自己的房屋是多少人夢寐以求的事情，尤其是女性。然而，房屋有了，麻煩卻也隨之而來。「本以為有了房屋之後無論從哪方面來說都

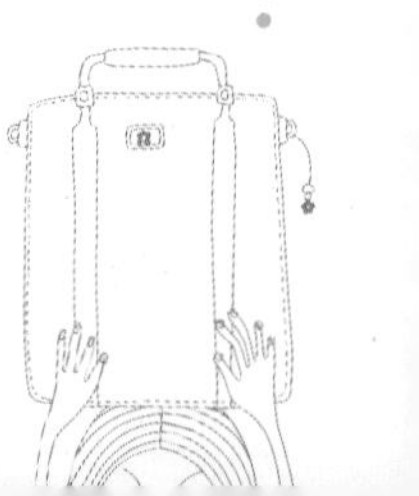

是好事，可是誰知道房屋卻成了自己婚戀的障礙。很多男人沒有因為女孩薪水不夠高、長相不夠好或者身高不夠高而嫌棄對方，好不容易能買到的房屋反而成了男人的眼中釘。」許多有房屋、富足的單身女性發出了這樣的感慨，然而與此同時，她們依舊愜意的過著自己的小日子——沒有愛情就算了吧！自己生活不也挺好的嘛！

曾看到過一篇描寫張曼玉的文章，不同於以往的八卦炒作、追捧癡迷，而是以平常女人心來剖析她的內心獨語。都覺得她風情萬種一定不愁沒有愛情的陪伴，然而她卻苦笑無語。也正因為自己什麼都擁有了，所以最難求的是真誠的愛情。雖然身邊的異性熙來攘往，但她的心靈是孤獨的。也許，這就是女人為事業所付出的代價吧！然而會後悔嗎？當然不會，像男孩一樣放縱的為自己的價值奮力一搏是一件快意的事，有得必有失嘛！現代社會，追求時尚、彰顯自我的「壞」女孩們獨步江湖：從學士讀到碩士、博士，乃至國外；背上一個背包就有膽量周遊世界；管理男性下屬威風凜凜，休閒時光卻又嫵媚動情；白天是英姿颯爽的女主管，晚上則時而呼朋引伴把酒言歡，時而吧台小酌靜思獨語；運動、美容、逛街、讀書、泡吧、狂歡……等等，沒有愛情的「壞」女孩們把自己的生活安排得充實、自我，毫無悲淒之感，十足的快樂女郎。沒有愛情當然不夠完美，但事業和理想的追求永遠無法從生命中割捨。「壞」就「壞」得灑脫些吧！

認識的一個韓國女孩已經十多年了，看她每天充實、快樂的樣子真是無比羨慕。和她在一起，完全感受不到代溝的存在。一樣的時尚、一樣的活潑，而且發自內心，天然純淨。有時候甚至會嚮往那個年齡層，有股理性、成熟、智慧的美。問她是否寂寞，她先是微笑，然後淺淺的說：「不後悔。」來台灣學習是她的夢想，付出代價在所難免，但重要的是她感到幸福和快樂。

女孩有了愛情，就會不由自主地將自己交付給他人，無比信任的、毫無保留的。結果，失去了自我、失去了夢想。或許，應該在尋覓真愛的同時學學那些灑脫的「壞」女孩，享受一下沒有愛情的青澀時光。

3.我和我追逐的夢

e時代的女孩們不再專攻飲食、女紅，不再為如何為男人們服務而終其一生，不再將自己的興趣、天賦當作業餘愛好，擁有成功、傲人的事業幾乎是每個

現代女孩心中的夢想。「天後」王菲用自己天籟般的歌喉開創了完美的事業，當愛情失意的時候，她可以淡然的揮揮手，不是薄情，而是她還沒有失去自我。也正因那份不依賴於任何人的孤傲，又為她迎來了一縷新的「陽光」。在女性日益擁有獨立個性的今天，自身價值的實現逐漸提升到越來越重要的位置。女孩身上的競爭壓力絲毫不遜於男孩，同樣重視自己能力和才華的施展、同樣要獲得社會的認可與尊重，於是乎，在魚與熊掌不可兼得的兩難取捨間，更多的女孩放棄了愛情。與傳統社會的女孩相比，e時代的「壞」女孩「壞」得辛酸、「壞」得不易。

哪個女孩不希望找到自己的真愛，可是現代社會並不是擁有了愛情就獲得一切。先有麵包，愛情才有保障。然而依賴男孩提供麵包的愛情是無希望的、是被動的。所以，「壞」女孩們四處為自己儲存麵包、為自己的愛情積累資本。其間，「壞」女孩們感受到了超越愛情的快樂——為自己而活。於是，愛情不再是唯一，夢想的追逐成為另一種幸福的期待。

不要覺得「壞」女孩對愛情不屑，正因為在意，所以才會「慎而又慎」、才會努力為完美愛情增值。

不要覺得「壞」女孩對事業太有野心，在意自身潛能的發揮又有何不可呢？聰明又靚麗、自信又執著的女孩為生活帶來了又一道別致的風景，豈不是一件好事？

「壞」女孩們，加油呀！張開雙臂，閉上眼睛，奮力追逐自己的夢吧！

二、愛情與婚姻

常說婚姻是愛情的墳墓，可是也有人說婚姻是愛情的開始。總之，愛情並不等於婚姻。馬克思曾說：「婚姻是一種政治行為。」聽起來，似乎在婚姻的殿堂裡找不到愛情的蹤影。那街頭諸多恩愛的身影又意味著什麼呢？其實，愛情是一種心靈的感受，而婚姻是更為現實的兩性關係。愛情很容易得到世人的青睞是因為它浪漫、感性，無拘無束的熱情追求。婚姻要和柴、米、油、鹽、醬、醋、茶打交道，兩個人零距離的廝守難免會破壞已經習慣的浪漫感受，最終，失去了愛情的甜蜜，相伴的是無盡的乏味與懊惱。記得德魯・巴蒂默爾曾演過一部愛情喜

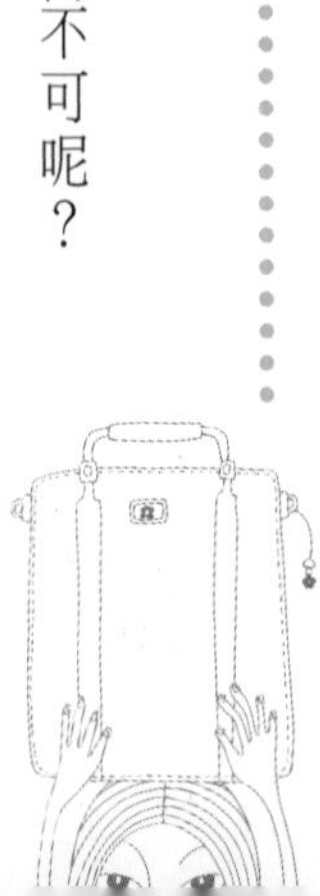

劇，內容大概是講女主角得了失憶症，男主角只好每天讓她重新愛上自己。很有意思的創意，倘若結婚後仍能讓對方每天重新愛上自己，那婚姻與愛情就不會輕易的被割捨了。應當說，婚姻是愛情的昇華，每一對新人都應得到真心的祝福。而婚後每一天都應該像戀愛一樣甜蜜、新奇，那是使婚姻牢固的基礎。

女性受自身社會角色的影響，幾乎總是將愛情與婚姻聯繫在一起。愛上一個人，總是希望能和對方步入婚姻的殿堂，白頭到老，廝守一生。然而，越是想實現的事情越是很難成真。女孩的心不時地受傷，愛情似乎一到婚姻的階段就會「變奏」、「觸礁」，於是，越來越多的女孩只要愛情，不要婚姻。事業的追求，令女孩獲得了更多「只談愛情」的資本。而對婚姻卻是望而生畏。甚至，在現代社會，出現了越來越多的未婚媽媽。難道愛情與婚姻真的沒有一點相通、相容的地方嗎？

生活需要點點滴滴的品味

1.傳統社會的愛情與婚姻

看多了才子佳人的愛情劇，就愈加覺得，也許越是生活中無法得到的越要在虛幻世界中找到寄託。《詩經》中的「窈窕淑女，君子好逑」展現了上古時期人們自由追求愛情的美好圖景，但隨著社會對女性的束縛越來越多，什麼「男女授受不清」、「父母之命，媒妁之言」……等等，將女性追求自主愛情的自由完全扼殺掉了。即便心中有再多的美好憧憬，也難免會被無情的現實打擊得垂頭喪氣、嗚呼哀哉。傳統社會中的女子多半只有在洞房花燭的那一刻才能見到終老一生的「另一半」，失望，無奈，認命，無語。一直對《大宅門》續集中的一個婢女的命運非常同情，前面也提到過，貪財、無知的家庭，對方的連哄帶騙，最終葬送了她的青春和幻想。直到當天晚上才吃驚的發現，自己的夫婿居然醜得不像話，除了尖叫、逃跑，別無選擇。所以，文學作品中總是有那麼多癡迷纏綿的愛情故事，《西廂記》中的張生和崔鶯鶯、《天仙配》中的董永和七仙女，還有《風箏誤》、《救風塵》……等等，無一不是勇敢追求心中愛情、終成眷屬的成功「典範」。女孩們在這些劇作中找到了對未來的希望和熱情，而那些已經無望的不幸女子可以借此安慰「枯死」的心。

在禮教甚嚴的傳統社會，愛情與婚姻是很難達到和諧統一的，往往在既成事

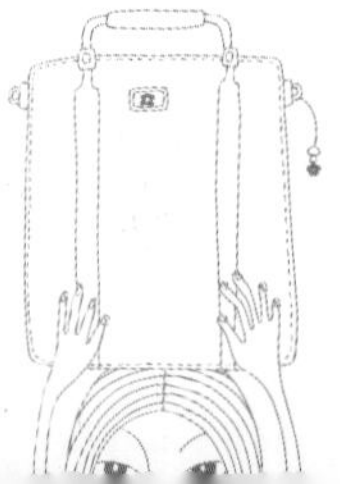

實後隨著歲月的流逝培養「愛情」，而這樣的「愛情」更像是一種親情——相互扶持、相伴一生。比較而言，社會風氣相對開放的唐代，女性追求愛情的權利也往往只限於公主等權貴女子。然而，那也是在一定的限度內，不可能全無顧忌的恣意妄為。前一陣子播出了一部電視劇《大唐秘史》，講述的就是唐代高陽公主追求心中真愛的故事。誠然，文學作品是不同於歷史的，但從中多少可以體味到傳統社會女性追求愛情與婚姻完美統一的艱辛。在封建的社會中，男性就是「天」，他們可以娶三妻四妾、可以尋花問柳、可以休妻、可以主動追求所愛，女性幾乎成了毫無選擇的物品。男性以恩賜的心態「賜予」女孩婚姻，卻無法保證也「賜予」她愛情。或許在「天」看來，女孩根本不需要什麼愛情，婚姻就是她們所看重的。多麼悲哀的事呀！女性的隱忍竟然逐漸成了必然、成了理所當然。

這種被動的地位何止是在普通尋常女子身上，那些一入宮門深似海的女孩更是無望於幻想的愛情。像楊玉環那樣集三千寵愛於一身的女子畢竟微乎其微，絕大多數的女孩將老死宮中，婚姻與愛情都沒能幸福的體驗到。「故國三千里，深宮二十年。一聲何滿子，雙淚落君前。」這是一首《何滿子》，三千、二十，都表現了古代女孩喪失青春和自由的不幸與控訴。港劇《金枝欲孽》中也有這類情形的表現，一個在宮中「打工」的男孩撿到了一條手帕，上面寫了一首詩，盡訴孤寂與無奈，常年進出深宮的御醫道出了其中的緣由：深宮佳麗身心不幸，借手帕以示情懷，更希望能找到知心人。看似無憂的生活，卻禁錮了女孩追求自由愛情的身心。

小時候，經常會見到三寸金蓮的小腳老太太，她們十四、五歲就嫁人、生子。從未自己主動尋覓過愛情，一生堅守著唯一的一次婚姻，哪怕斯人已去。不禁為她們感到不幸和惋惜，如果能親身感受愛的激情，她們的人生也許能更加完美。

無論幸福抑或不幸，過去的終將無法回頭。戀愛與婚姻，仍在時代的發展中徘徊在心中，尤其是女性的內心世界。快樂也好，痛苦也罷，重要的是感受、是體會。選擇的樂趣在於尋找到生命的價值和生活的意義。

2.現代婚戀面面觀——為愛情「保鮮」

①情人

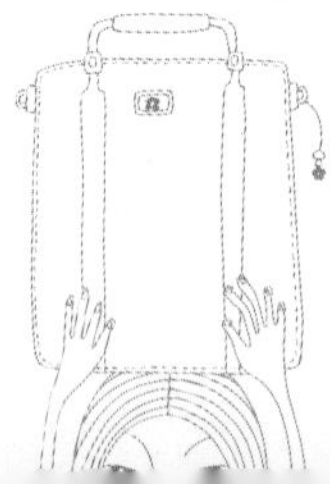

一個似是而非的角色、一個試圖偷走愛情的第三者、一個考驗婚姻的顛覆者。

在對婚姻抱持無望態度的時候，只想品嘗愛情的女孩們看到了他人建構的幸福。這些「壞」女孩們以豔羨與不屑並存的神情侵入了他人的領地，想獲得充滿激情的婚姻，然而得到的又將是什麼呢？當然不能簡單地將「情人」歸結為壞角色，她們是守望者，最終的目的無非也是希望擁有為愛情「保鮮」的婚姻，只不過是想走條「捷徑」。

這些現代社會「膽大妄為」的「壞」女孩們「不可救藥」的愛上了別人的丈夫，自己獲得愛情的同時為另一個不幸女孩的婚姻埋下了隱患。感覺上是在「解救」婚姻牢籠中的可憐男子，與此同時又要將彼此帶入另一個婚姻作為「解救」的終點。或許，只是想拆解「不幸的婚姻」，體驗一段另類的愛情。而最後的結果依舊是在婚戀的世界中漂泊，做個「渾身是傷」的「壞」女孩。

《牽手》中的王純、《一聲歎息》中的「劉蓓」、《手機》中的武月，甚至《北京人在紐約》中的阿春，真心也好，「歹意」也罷，都不可避免的在和另一個女人爭奪著、互相傷害著。女人啊！為情所困，「壞」得讓人憐愛。

她們懂得如何用自己無敵的青春換取愛情、懂得如何保持新鮮感和神秘性、懂得如何保持愛情的快樂和新鮮，更懂得如何令自己「壞」得縱情、灑脫。曾看過一篇文章，以一個母親的口吻勸誡所有的女孩們不要做「情人」，嘗盡苦痛的始終還是這些遊走於婚戀邊緣的「壞」女孩。可是放眼望去，我們的個性女孩們仍在以自己的方式感悟著愛情與婚姻。沒辦法，誰讓她們「壞」呢？

②現代式離婚

在傳統社會只能承受「休妻」之辱的女孩們，現在動輒就以離婚恢復自己的自由之身，給自己重新感受愛情的機會。何必非要等到男人的「七年之癢」呢？沒有了愛情的婚姻如同過了保鮮期的牛奶，繼續喝下去只會對身體有害。倘若傳統社會的女孩穿越時空聽到這樣的「言論」，嘴巴差不多會定格在「0」形不動。王海翎的《中國式離婚》向人們講述了現代女性對婚姻的理解與把握。無愛的婚姻只是空殼子，不如好聚好散，再見亦是朋友。e時代的「壞」女孩們不介意離婚給自己帶來的負面輿論，重要的是自己的感受，何苦要裝樣子給別人看呢？我

就是我——「壞」女孩的典型宣言。尼科爾・基德曼、黛咪・摩兒、張曼玉、關之琳、王菲……等等，這些引領時尚的女性離婚後過得依然獨立、自我、開心、自信，依然有愛情的甜蜜和幸福。當婚姻無法再給予愛的激情時，選擇後者更加明智。與傳統社會的女性相比，現代女孩們有了更加開放、包容的社會氛圍，有了更多的生存空間和選擇餘地，跟著自己的感覺走是最佳的婚戀之路。有句成語叫「舉重若輕」，其實，很多事都沒什麼大不了的，是自己的心思太重了，以致於讓自己的身心疲憊不堪。有時候，放棄也是一種選擇！

女孩們在意婚姻的神聖，更在意被人愛的感受。與其在婚姻的樊籠裡互相折磨，還不如灑脫的說聲「珍重再見！」

③非一般戀愛

無論你是否認同，卻不得不承認現代社會婚戀觀的多元化。每一個人都在尋覓著自己的最佳位置，也許有違常理，但「鞋」究竟合不合適還要看「腳」的感受。因為決定權在自己手裡，所以「壞」女孩們有了更多「放縱」的機會，只要有感覺，不去在乎外界異樣的眼光。

④姐弟戀

在傳統倫理中，有個不成文的規矩：女孩一定要比男孩的年齡小。男孩可以比女孩大上十幾歲，也不覺得有什麼怪異的。可要反過來，恐怕要「天下大亂」了。可是現代社會「大逆不道」的「壞」女孩們偏要來個「乾坤大挪移」，看你能怎麼辦！當王菲手拉著比她小十一歲的鋒弟弟時、當關之琳與她的模特兒弟弟暢遊愛河的時候、當黃梅戲演員吳瓊向比她小十五歲的弟弟表達愛意並共結連理的時候、當黛咪‧摩兒即將為她心愛的二十七歲小弟弟傳宗接代時，身為身邊的你、我、他再作何感想呢？

⑤忘年戀

當楊振寧與翁凡共結連理的消息傳開後，恐怕華人世界都要「目瞪口呆」了。兩人年齡相差懸殊，家世不同、背景不同，總之，感覺什麼都不同。可是當人們還在發呆的時候，兩人卻已經身穿情侶裝度蜜月去了。懶得理會世俗的眼光，戀愛本來就是很私人的事情，何必非要給天下人一個交待呢？美國的傳媒大亨默多克七十多歲時娶了比他小三十多歲的華裔女子，兩人相濡以沫、恩愛幸

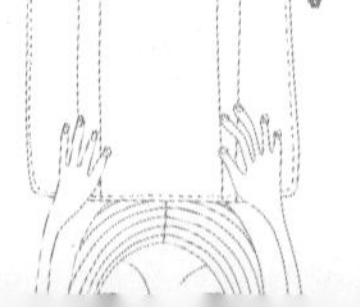

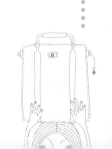

福。前幾天在王府井看到一對「父女」，結果定睛一瞧，差矣，乃是一對夫婦。這個世界變化快，女孩們「壞」的品味越來越「登峰造極」。

⑥倫理戀

不知該怎樣形容這樣的戀愛，看過韓國電影《中毒》的話，相信會有一番不一樣的體會。屏除倫理關係外，他們的愛情沒有傷害到任何人。然而，幾千年來的心理定勢，恐怕一時間很難接受這樣的婚戀。於是，弟弟只好放棄自我扮成哥哥才能和心愛的女人在一起，《藍色生死戀》中的俊熙與恩熙只好期待來生。然而，我們不該鄙夷不屑，誰都有愛的權利！

⑦昨夜長風——未婚媽媽

當看到《昨夜長風》中的賽明君承受愛人背叛、獨自生養小孩的時候，內心油然而生崇敬之情。欣賞她的堅強與隱忍、佩服她做未婚媽媽的勇氣與果敢，畢竟這是一種非常態的家庭結構，而社會大環境給予的理解和包容更是微乎其微。女人是弱者，女人要有婚姻才能生養小孩……等等，都成為桎梏女性身心的枷鎖。有婚姻的保障、家庭的溫暖，女孩哪裡還會願意承擔這些痛苦和艱辛？可是當愛情無法開花結果、婚姻無法感受真情的時候，何苦非要受制於形式上的完滿呢？於是乎，現代社會中的另類女子們開闢了一條屬於自己的路，「壞」到了新高點、新水平。張艾嘉、鍾麗緹，獨自撫養著小孩，甚至很難知道究竟誰是孩子的爹。再看她們，還是一如以往的氣定神閒、快樂自在。這不是很好嗎？難道非要結了婚又離了婚才是應當的嗎？

倘若在傳統社會，未婚媽媽的結局不用說，一定是慘不忍睹。不是被浸豬籠，就是被遊街示眾，因為她是不檢點的「壞」女人、是不恪守婦道的「淫婦」，更何況還「鐵證如山」。而如今，獨自享受生養baby的女孩可以自信的走在大街上、可以依然享受愛情的甜蜜、可以有足夠的自由選擇人生。「壞」女孩們篤定的按照自己的意志勇往直前，從不做讓自己後悔的事，也從不懷疑自己的決定。這就是現代「壞」女孩不一樣的堅持！

⑧獨身

不同於情人、不同於未婚媽媽，雖然都是孑然一身，但獨身女孩更像是城市裡的獨行俠，飄忽不定、神秘莫測。酒吧的一角有她靜思的身影，office的一隅有

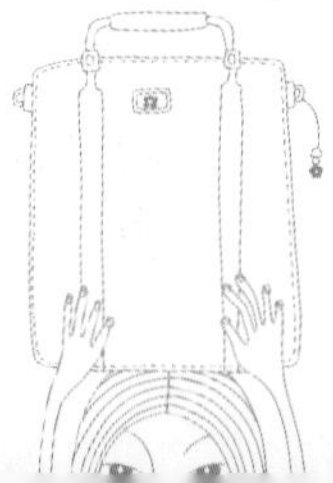

她幹練的身影，世界的每一個角落留下了她快樂的腳印。選擇獨身的女孩們保留著內心世界，更願意與自我交談，習慣了一個人的生活，安逸而靜謐。不希望被旁人打擾，心靈包容了整個世界。

獨身的女孩，高齡、高學歷、高收入、高品味，不要家庭、不要小孩，自己就是一切。夠另類吧！難道她們不會感到孤獨嗎？這只有她們自己才曉得。或許她們的生活曲高和寡、或許她們的性格有些古怪，其實，獨身本身並沒有那麼複雜，它只是一種生活方式。只不過異於常人、只不過不按牌理出牌。女孩可以追求自己的事業、可以追求自己的愛情，當然也可以追求自己的生活方式。

情人不要家庭，只要愛情；未婚媽媽不要婚姻，只要愛情；獨身女郎不要家庭、不要婚姻，要愛情，但更要屬於自己的生活。

北京女孩曉娜擁有俏麗的容貌，大學畢業後從事對外漢語工作，不久就有了屬於自己的房子，出眾的條件吸引了很多傾慕者。可是她不予理睬，對於愛情慎而又慎，對於婚姻更是免談。工作之餘沈浸在自我神秘的世界裡，時而背上背包獨自旅行、時而呼朋引伴茶吧敘舊、時而陪伴父母盡享天倫。家裡為她著急，她卻怡然自得，不急不慌。「獨身不是很好嗎？沒有那麼多麻煩事。重要的是自己快樂。快三十歲又怎樣？總比結了又離互相傷害的好，不是嗎？」曉娜振振有詞的說道，使得父母哭笑不得，卻也無可奈何。哎！現代的個性女孩不好理解。

3.小結

儘管女孩們以步入婚姻殿堂為「修成正果」的戀愛，但現代社會的女孩們仍將愛情與婚姻涇渭分明。「壞」女孩們高唱著《愛情三十六計》，為提升「魅力指數」四處奔波、費盡心思。傾盡一切人力、物力、財力打造時尚新女性，從內到外，一一錘鍊。享受愛情滋潤的「壞」女孩卻對「婚姻」的圍城退避三舍，三緘其口。不是壞，而是不想受傷害。從傳統的角度說，女孩可以從婚姻中獲得生存的基礎，不僅有合法的身分、地位，還有獲得男人保護的理由和經濟來源。但婚姻無法保證女孩一定可以獲得真愛。在女性愈加獨立的今天，社會地位、身分、經濟來源等生存基礎已經不用再依賴男人，而愛情則是女孩們最為看重的砝碼。於是，「非一般的愛戀」闖入了「壞」女孩們的生活。她們願意為了愛的感覺放棄一切、願意為了追逐愛的誓言無怨無悔。當然，倘若她們能在婚姻中體會愛的

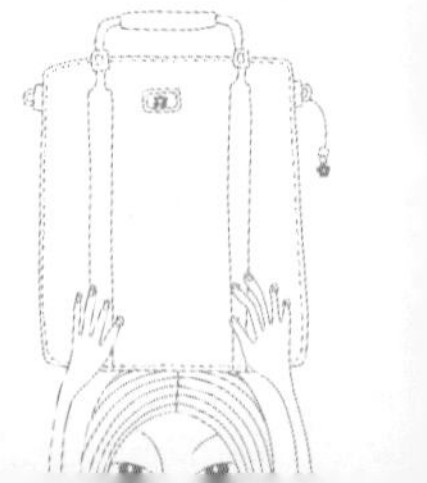

真諦，仍會義無反顧地忘情投入。「壞」女孩們真情、率性，隨意但認真、灑脫但真心。不要懷疑「壞」女孩們對愛情與婚姻的篤信，涇渭分明的背後是一顆勇敢而虔誠的心！

第三節　親情與自我——家庭與事業

家庭是構成我們這個社會的最基本單位，正所謂家國同構。每個人一生幾乎都永遠離不開家庭。從出生到終老，從一個家庭到重構的另外一個家庭，它是心靈得到安慰的港灣，是溫暖的庇護所。然而，有時家庭無可避免地會與個人事業的發展衝突。在以男性為主導的傳統社會裡，「先成家、後立業」是得到廣泛認可的普遍原則，似乎倘若沒有「家」，就根本無法成就「業」。這很容易理解，由於男人在成家後找到了一個為其服務終生的女人，他自然可以高枕無憂的去創業，要不然怎麼會說「一個成功的男人背後有一個成功的女人」呢？畢竟在傳統社會中，家庭是女性的生活重心。但是，進入到e時代，女孩們的世界不再只是家庭、丈夫、孩子，她們有了自我、有了真正意義上的事業的追求。視為「魚與熊掌不可兼得」的代價，家庭與事業在現代女性這裡就不再那麼和諧了。於是，有的女孩「退守」到了傳統狀態，繼續做「全職太太」；有的女孩乾脆放棄家庭的束縛，像男孩一樣展翅高飛；還有的女孩以自己最大的努力平衡兩者，結果經常是疲於奔命、辛苦操勞，不是生活，而是活著。

從對女孩社會角色的認同上，「全職太太」應當說更為符合「理想」。不幸的是，女孩們不「乖」了，要走「獨立自主、自力更生」的個性之路，要攀登事業的制高點。女性以飽滿的熱情為自己的事業打拼，不斷開闢全新的領域。電視劇《一年又一年》裡，一對夫婦北大畢業後雙宿雙飛，羨煞旁人。然而，女孩要去美國留學了，男孩不便挽留，默默的支持著她，本希望她生完小孩再去，可是女孩認為那會是她的負擔，以後再說吧！兩年之後，他們離婚了。女孩留在美國，男孩選擇了中國。依然有感情，但各自事業的發展使他們最終分道揚鑣。貝貝大學畢業後就和男友結婚了，婚後的生活倒也甜蜜、安逸。可是現代社會的競爭壓力不斷增大，貝貝感到有些力不從心。她不甘心，不想還不到十年就失業，於是決定繼續學習——考研究所。丈夫沒說什麼，全力做起了她的後盾，家務不再讓貝

貝操勞，也不急著生孩子，成了「全職丈夫」。貝貝覺著自己不是個好妻子，對丈夫說日後要補償。丈夫則苦笑著說：「誰讓我愛妳這個『有追求』的人呢！」

哎！「壞」女孩就是這麼有魅力呀！

一、傳統

嫁雞隨雞，嫁狗隨狗，傳統女性一旦「埋守天窗」，事業的萬里長程也就已經邁出了第一步。侍候夫婿、照顧孩子、孝敬公婆，俗話說：「男主外，女主內。」家庭的點點滴滴是女性傾盡一生為之不懈努力的事業。與現代女孩們讀書、學習、參與社會工作不同，傳統社會中，女性的全部內容就是如何做個好妻子、好母親，在家庭中孕育愛情、在家庭中操勞事業。在社會分工不是那麼細緻的過去，對女孩而言，家庭包括了一切，自己的社會定位、家庭角色全部融入進了這個封閉的自我世界，然而「麻雀雖小，五臟俱全」，這些幾乎成了在以男性為主導的社會裡，女性存在的唯一理由。

農業社會中，女性不僅要與丈夫、家人一同耕種、工作，而且要操持家中的大小事務。從嫁入夫家開始，甚至是從「童養媳」開始，女孩就已經習慣了這樣的工作。那就是她們全部的世界：愛情、家庭、事業。家境稍好的女孩，可以不用下地工作、照顧家人、主持家事，每日請安、問好，女紅、刺繡，就是生活樂趣的來源。興致所至，琴棋書畫，隨意為之，但絕不足以稱之為「事業」。因為在傳統社會的正統理念中，事業只能由男性來擁有，甚至女性也是男性奮鬥的「事業」之一。即便歷史上出現的那些才華橫溢的女詩人、女文學家，也仍將做個「賢內助」視為最高榮譽。女人的事業就在家庭中，外面的世界不屬於她們。在這樣一種傳統思想的引導下，修養學識、文化內涵，更多地成了如何更好的為家庭奉獻的輔助品、附加值。歷代的皇后就更是如此了，她們既是一國之后，又是一家之母。她們的事業一是扮演好國母的社會、政治角色，一是幫助一國之君掌管好後宮，為皇帝分憂解勞。而真正屬於她們的舞臺其實只有後者，前者不過是個象徵意義。你看，在傳統社會，縱然是女中貴人，仍然是以家為重心的。唐太宗的長孫皇后稱得上是皇后中的典範，她品行端莊、談吐不俗，更著有《女則實錄》，可是她為人稱頌的仍是「她是個識大體的好妻子，盡職、盡責的好母親」。

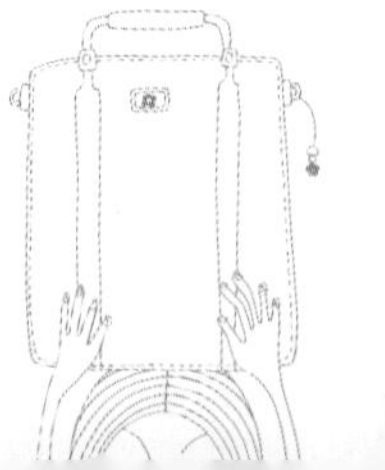

無論女孩多麼有理想、有抱負，最終的著眼點仍落在家庭上。

在傳統女性眼中，事業與家庭根本沒有什麼區別，幾乎合而為一。只要家庭和睦、夫妻和諧、家人合樂、能夠幫助丈夫功成名就，就是「事業有成」、就是「此生無憾」了。因為過去的女孩完全將自我奉獻給了家庭、丈夫、孩子。

二、現代

然而，到了崇尚個性自我的e時代，女孩們有了更多樣的選擇，天地變寬了、世界變大了、視野開闊了。家庭不再是唯一的領域，除了傳統賦與女孩的社會角色外，女孩又重新獲得了與男孩一樣的開闊世界，可以憑自己的心靈想飛多遠就飛多遠。不必再受家庭的牽絆、不必再顧慮重重、不必再捨己為人。和男孩一同進學堂、一同享受世界的絢爛、一同施展自己的才華、一同贏得世人的尊重。女教師、女科學家、女CEO、女檢察官、女律師、女官員、女總統、女飛行員……等等，「事業」一詞也進入了女孩的人生詞典當中。做一個好妻子、好母親，是女孩們天性的享受，而成為一個擁有自己事業的女強人，更是開闊精彩人生的另一條羅馬大道。

當然，任何事情都是「雙刃劍」，有利就有弊。儘管女孩們竭盡全力扮演好每一個舞臺上的角色，但力求完美的事是很難做到的，因為女孩不是「超人」也不是神仙。當女孩和父母盡情享受天倫之樂的時候，這個家庭是她日後成長的搖籃和堅強後盾。但當她翱翔天際、漸行漸遠的時候，「快樂老家」始終是她無盡的牽掛。而當她與心愛的人組成一個新家庭共度人生的時候，家庭與事業孰輕、孰重，往往要做出痛苦的抉擇。於是乎，矛盾、選擇，統統擺在了眼前。很希望兩全，但倘若還要求自身有更大的發展，家庭難免要退而求其次了。「好」女孩們靜靜的守候著「愛的港灣」，而「野心勃勃」的「壞」女孩們則選擇了為自己而生。有人說這樣的女孩薄情，有人認為她們太不識大體，甚至有人斷言「壞」女孩們必將孤老一生。

三、「快樂老家」

對於現代女孩而言，家庭對事業來說，究竟是阻礙還是後盾呢？

六百年前，鄭和率領著大明船隊浩浩蕩蕩的下西洋，幾乎都踏上了非洲的土地，但最終還是回到了故土。七次遠航、七次歸家。中國人有深厚的「根」的情結，無論走到哪裡，總是要回望「快樂老家」。哪怕是在地球都要變成一個村的今天，仍會戀著過去、仍會心繫故土。儘管我們不時地能見到個性張揚、野心勃勃的「壞」女孩們毫無留戀的勇闖世界，但其內心情牽一線——家。對於很多並沒有自己組建新家庭的女孩來說，父母是依靠也是港灣，是撫慰疲憊身心的庇護所。即便之前千方百計地要離開被視為「樊籠」的家，但內心深知，正因有這個家，才會有無盡的力量面對一切。

甯寧一直是個很有想法的女孩，不斷的努力，希望可以盡情的施展自己的才華、盡情地吸取知識豐富自己。轉眼快三十歲了，仍舊「孤家寡人」。甯寧自己並不著急，可是內心總覺得對不起父母，因為像她這個年齡的女孩在家鄉早就「哺育下一代」了。於是，甯寧將自己的想法坦誠地告訴了父母，出乎意料的是，其實父母從未有過這樣的顧慮。只要是甯寧自己選擇的生活，父母都會支持，因為這是她自己的人生。父母的開明一下子就解開了甯寧的心結，又開始了勁頭十足的個人奮鬥。甯寧覺得無論自己走多遠，父母、家，永遠是她最強而有力的精神支柱。

月月就要大學畢業了，很想留在讀書的城市，可是父母想念她，總希望能把她帶在身邊，眼睛看得見，心裡就會感到踏實。於是，拼命地要月月回老家，甚至連工作都替她安排好了。月月非常痛苦，既想按照自己的心願行事，又不想讓父母傷心。有時候，她會想倘若世上只有她自己那該有多麼自由。明知不能有這樣的想法，但不時地會覺得家庭已經成了她事業發展的嚴重阻礙。

未婚的女孩們頭腦裡充滿各式各樣的幻想，沒有自己組建的家庭困擾，更希望獲得闖蕩的自由空間。父母的決定往往在無形之中成為她們前途命運走向的關鍵。是障礙還是後盾，就要看女孩們自己的想法和決定了。

四、「飛的代價」

一直都很喜歡看《空鏡子》，悠悠的生活，真情的感受。相信更多的人會喜歡陶紅扮演的孫燕，實在的生活，簡單的幸福。她是傳統好女孩的典型代表，溫

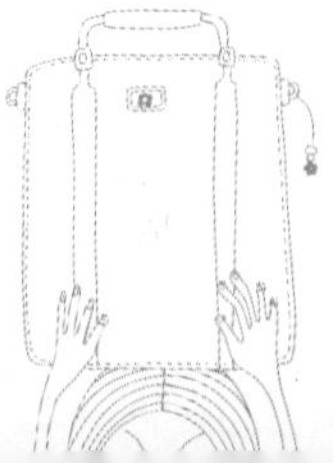

婉、善良、不慕虛榮，只求平凡的生活。與她相比，姐姐孫莉絕對是個現代版「壞」女孩——野心大、愛慕虛榮、狠心腸，將感情視為遊戲。一切皆因她想飛，飛得越高越好。

其實，「飛」本身並不是一件壞事，二十一世紀的今天，女孩們在各種舞臺上盡情展現自己的魅力有何不可呢？只不過，有了自己組建的小家庭之後，身上的責任重了，肩負的不僅只有自己，還有家所賦與的一切。在個人事業發展與兼顧家庭的問題上，《空鏡子》中的孫莉為我們展現了現代「壞」女孩的一種取捨——放棄家庭。這以傳統眼光來看，簡直是大逆不道、無法想像。她為了圓自己對愛情的夢想，放棄了初戀情人；為了到國外深造、「鍍金」，放棄了幸福的家庭。她的很多做法中有不近人情的冷漠與自私，存在著令人鄙夷的素質問題。但就事業與家庭的關係這一點來說，她無非是想實現自己的「騰飛之夢」。

女孩和男孩一樣，有自己的追求、理想，對精彩的世界充滿了好奇和躍躍欲試。現代社會的發展，女孩們得到了前所未有的機遇，有了施展自己不亞於男孩才能的舞臺，自然女孩們不會輕易放過這樣的機會，拼搏一番，實現價值，有些犧牲和付出也在所不惜。畢竟，能有機會在事業上大展宏圖也是很多現代女孩們的夢想，那是代表女孩獨立、自信的另一面。在一個關注二〇世紀六〇年代以後女性發展的節目中，談到了女性要求獲得同等工作機會的問題。以丹麥為例，上個世紀六〇年代後，女孩可以和男孩一同參與社會工作，逐漸從家庭主婦的單一角色中脫離出來。到今天為止，很多丹麥女性和男性一同成為家庭的主力。女孩們結婚之後依然出去工作，而男孩們則開始了照顧小孩的「奶爸」之旅，不時地還會相互交流經驗，看得出他們很喜歡和孩子們一起成長。換作以前，或許只能彼此「望洋興歎」了。

家庭與事業，本應協調一致、相輔相成，只是長久以來，似乎篤定地認為家庭就該是女孩唯一的、首要的歸宿，而事業只是錦上添花而已。現代女孩可沒有那麼多顧慮，為了個人的發展，會痛下決心，做出抉擇。縱觀現代「壞」女孩們的事業觀，在面對家庭與自身才能施展的問題上，大致有三種類型。一起來體會一下「壞」女孩們的複雜心理吧！

「壞」女孩的選擇

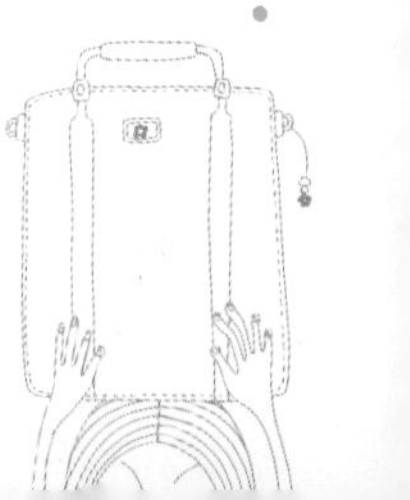

①、單身情歌

一副背包族的衝勁，收拾好行囊就敢獨步天涯。對這一類型的女孩來說，婚姻、家庭都是桎梏，早晚都要脫眾而去。既然自知無法適應家庭生活，與其彼此傷害，倒不如為了實現自己的追求，從不考慮這類事情會更好。於是，只戀愛不結婚，不要家庭、不要小孩，只熱中於自身價值體現的高齡女孩越來越多。她們太瞭解自己，心裡清楚想要事業成功需付出怎樣的代價。她們不去理會旁人的不解、不去在意輿論的嘲諷，全因心中的那份執著和那份捨棄的從容。她，三十都歲，博士學歷，現為一家跨國公司的中國區總代理，生活優越且充實。然而，至今未婚。每次提到此，她總是淡淡的一笑，自嘲的說，誰讓自己眼光太高，只好「自食惡果」了。但從那份快樂的表情中能夠讀到她的滿足，從那份十足的幹勁中能夠感受到她對「野心」的熱愛。

②、另覓「新歡」

就如《空鏡子》中的孫莉一樣，她們都曾體驗過婚姻的浪漫、家庭的幸福，也曾試圖維持現狀、安逸於此。然而，競爭的壓力、對自身要求的提高、家庭生活中的瑣碎……等等，最終將她們推向「逃跑」的邊緣。來自事業與家庭的雙重壓力，使這類女孩感到分身乏術、痛苦不堪。既不能對家庭主婦這一角色「怠忽職守」，也不能在事業中甘居人後。然而，在大家都以為她們會重新選擇傳統角色的時候，這類「壞」女孩出其不意的放棄了家庭，走上了為事業奮鬥的「不歸路」。與前者相比，她們缺少了最初的堅定，試圖兩全其美，但無盡的事業心與家庭的平淡、安逸終歸是「分道揚鑣」。無法避免的傷害、再次抉擇的無奈、不被認可的心痛，最終都將隨著事業的開拓煙消雲散。

③、尋找「制衡點」

這一類型的「壞」女孩應當說是現代社會不可否認的成功者，她們自如的遊走於家庭與事業之間，角色的互換從不會出差錯，因為她們尋找到了適合自己的「制衡點」。很難、很累，但所幸她們做到了。誠然，她們是幸運的，但與此同時她們也在不時地調整兩者之間的平衡。曾看過陽光衛視的一個節目，關於女性，正確地說是成功女性——事業、家庭雙豐收。那一期介紹的是一家美國公司的中國區總經理——李亦非，她在生小孩兩個月後就走馬上任，將一家公司做得有聲

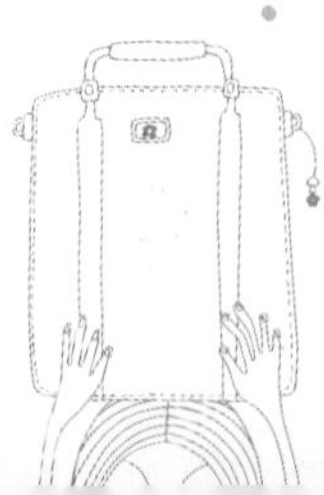

有色。在談到事業與家庭的時候，她一臉幸福的笑著，老公和孩子是她奮鬥的精神支柱和動力。享受家庭美滿、事業成功的她，眼神中充滿了睿智和自信。現代女性苦苦奮鬥的終結點無非如此，既可以享受到作為妻子、母親的天性的快樂，也可以擁有傳統女性所無法企及的事業。生活的多彩、追求的快感，一切盡在不言中！

五、愛上「才女」這樣的「壞」精靈

沒有辦法，假如你無可救藥的愛上了具有強烈事業心的才女，恐怕身為一個堂堂七尺男兒也只有「俯首稱臣、為之效命」的分了。不是心無雜念的甘心做其下屬，就是娶回家幸福的做其「賢內助」、出謀畫策，甚至冷靜地接受她遠走高飛的「宏圖大志」，否則，留下的只有心痛、心痛、再心痛。

與安心做家庭主婦的傳統女孩不同，她們或許可以給你神秘的激情、心靈的遐想，但同時也可以給你不踏實的感受。如果你可以給她們自由的空間、如果你願意傾聽她們內心的獨語、如果你欣賞她們的野心勃勃，相信自己，愛上這樣的

第四節　友情與自我

一、友情與愛情

1.概述

還記得那首很多年前流行的《左右為難》嗎？張學友和鄭中基深情詮釋了在友情與愛情間徘徊的無奈和痛苦。那是發生在兩個男孩、兩個哥兒們身上的愛情爭奪戰，而女孩之間、女孩和男孩之間的友情與愛情更是讓人「剪不清，理還亂」。

愛情似紅酒，醇香迷人；友情似「寶礦力水得」，補充身體所需營養。同性之間，往往因愛情而失去友情；而異性之間，友情與愛情似是而非、如夢似幻，俗稱「第四類情感」。

現代生活的多彩絢爛，平添了幾許浪漫和幻想。人是複雜的情感動物，沒有

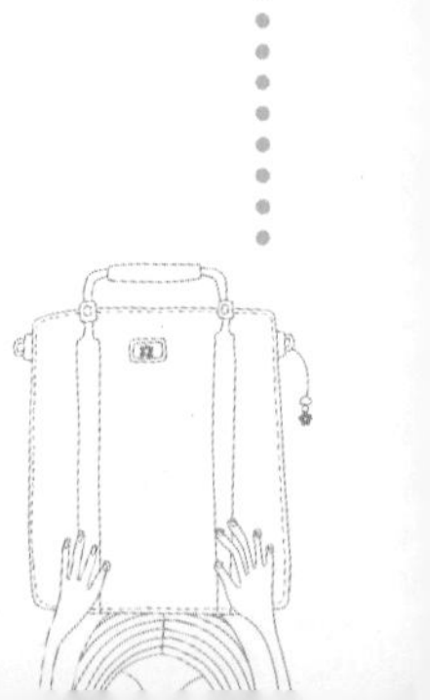

絕對清晰的情感分界線。女孩，作為情感更為細膩的社會角色，對情感的需求和感受更為精緻。聽著「一個好漢，三個幫」長大的現代女孩，將友情視為生命中不可或缺的一部分，「手帕交」恐怕就是因此得名。然而，面對愛情的兩難選擇，「重色輕友」的結局難免要上演一幕又一幕。而現代女孩與傳統女孩最大的不同就是要面對和異性間的友情。在「男女授受不親」的古代，別說友情，就連見個面恐怕都要「貞節難保」。「藍顏知己」，應該算是e時代特有的名詞，徘徊於愛情與友情間的模糊情感，奇特而真實。

奔波在忙碌都市中的女孩們，多姿的人生離不開情感的充實。友情、愛情，每每在心中激起陣陣漣漪，久久揮之不去。

2.異性間的友情與愛情

男女之間是否存在介於友情與愛情之間的「第四類情感」呢？沒有一個明確的答案，究竟如何，相信每個人心中都有屬於自己的故事。這是一種難以界定的情感，緣於眾生在異性之間。似乎男女之間的「化學反應」的結果只能是愛情，純潔的友情是無法真正存在於兩性之間的。然而「藍顏知己」的出現，將異性間的情感劃分出了一個「灰色地帶」。有人篤定地說那就是友情，也有人說那是帶有曖昧色彩的友情，不乾脆。對這種似是而非的情感，現代女孩的態度顯然是「拿來主義」，盡情享受，感悟生活。何以非要界定純粹的友情與愛情呢？

在「三從四德」的傳統教育下，女孩們極為謹慎的保持著與男孩的關係，不會輕易越雷池半步。因為在頭腦中已經形成了一種概念——和男孩只存在愛情關係，別無其他。看看影視劇中的古代女子，即便是男扮女裝、和男孩稱兄道弟的花木蘭、祝英台，最終的結果仍會歸結到戀愛關係上，很簡單，因為他們是異性。別指望在傳統社會中能擁有「鐵哥兒們」、「難兄難弟」，那將被視為不折不扣地「壞」女孩。女孩嘛！一生最重要的男性只有三個：父親、丈夫、兒子。而朋友也只能是同性的閨房密友了。

如此看來，身為現代社會的獨立女性，享受愛情的同時還能擁有異性的友誼真是非常幸福了。遊走於友情與愛情之間的「壞」女孩們更是「史無前例」的體驗著「第四類情感」，生活中除了既定的三個重要男性以外，還有「哥兒們」、還有「知己」。在傳統女性看來無法把握的異性情感在現代社會的「壞」女孩眼中並

非是一件難以掌控的事情，哥兒們不會與戀人混淆，知己永遠是「藍顏」。

記得在韓劇《天國的階梯》中，男主角車松株無奈之下要和女主角韓貞淑由戀人關係變為朋友關係。韓貞淑傷感的問他戀人與朋友有什麼區別，車松株回答說朋友可以搭肩膀，而戀人則會手牽手。韓貞淑苦笑道，和朋友牽手心中沒有任何感覺，而和戀人牽手心跳會加速。女孩天性敏感細膩，對於與異性的情感狀態總是體會得更深、更細。經常看到個性張揚的「壞」女孩和一大幫「哥兒們」「行走江湖」，然而心中的愛情聖地只會留給一個特別的「他」，那個唯一的「他」。擁有異性的友情是可遇而不可求的，雖說「再見亦是朋友」，但能和除了情人以外的男孩兒保持真摯的友誼的確不易，實乃「珍稀資源」也。前些天，一個女孩要為她的朋友買禮物，原以為是同性姐妹，沒想到這位已婚人士居然是位男孩。她想為他剛出生的小孩表示心意，畢竟有很長一段時間沒有見面了。她自豪地說：「我們從小學就是哥們，高中時沒有同校，可大學的時候我們又到了一所城市，算起來有十多年了，呵呵！比我和我男朋友認識的時間還長呢！我們的關係很好，有時和男朋友吵架了，總是第一個找他去傾訴。有這樣一個知己真是不錯呀！」

問她為何沒和他成為戀人，她則調皮的笑道自己也不知道，總之沒有那種感覺，和他在一起從沒分過性別。恍然間頓悟，男孩與女孩之間並非只有愛情，世界上除了黑與白還有灰。

e時代的「壞」女孩們享受著與異性的多重情感——愛情、友情，然而世界上沒有一成不變的事，包括感情。愛情與友情，會因事、因物在女孩的心中不斷變化。朋友，也許會在一夜間迸發出愛的火花，就如同情人會在轉瞬間變為朋友一樣。在現代「壞」女孩眼中不會存在絕對的分明，重要的是心中的那份感覺。在愛情與友情的轉換中，「第四類情感」著實引人遐想、捉摸不定。與戀人關係僅僅是一公分的距離，但彼此享受這「一公分」帶來的快樂。可以互相參謀彼此的愛情攻略，可以嬉笑怒罵、不拘小節，可以互訴心事、並肩作戰。與傳統女孩相比，講求獨立、自我的現代「壞」女孩更喜歡這種自由自在的「親密關係」，即便日後身為人妻，生活中仍然無法缺少「藍顏知己」的陪伴。「壞」女孩們將兩者區分得很清楚，經常是「郎有心，妹無意」。即便是曖昧的「第四類情感」，女孩們也會將之歸為友情，因為它與愛情畢竟還是差了那麼「一公分」。

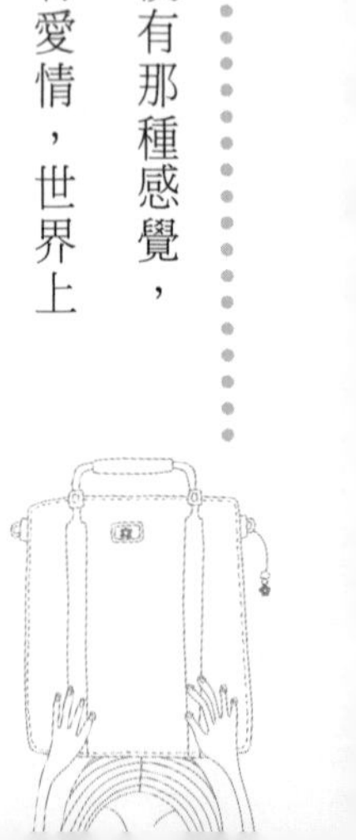

「一邊是友情，一邊是愛情」的兩難狀況，「壞」女孩們依舊來去自由，生活的走廊中有「第四類情感」這處別樣的風景。這是一種超乎親情、友情、愛情以外的第四種感情。

朋友是永遠真實的朋友，情人是遙遠而美麗的神化，而你則生活在神化與真實之間，其底蘊是那麼豐富雋永又瀟灑超脫。總是想看到你，也總希望接到你打來的電話，可以和你無拘無束地闡述自己的故事，卻從來沒想過把自己的生命與你聯繫在一起。為你的憂愁而擔心、為你的滿足而喜悅、為你想要的一本書常常去逛書店、為你突然患上感冒而焦急，卻從未考慮讓自己介入你的命運之中。不能說我們彼此相愛，因為我們並不想彼此擁有，但我們卻不是普通的朋友，因為我們彼此間的關注已滲入心靈深處。在愛與喜歡之間的夾縫裡，我們走得一點也不局促，倒向任何一方都不是我們期望的選擇。我們有各自的情感世界，誰都不是對方愛情故事的主角，但是情人、朋友不能給予我們的，我們卻能從對方身上得到滿足。雖然生活在同一個世界裡，但卻被一面玻璃牆隔開。在彼此的世界裡面，我可以看到你在哭，你可以看到我在笑，但是我永遠也無法感觸到你的體溫，就像你永遠也無法感覺到我的心跳。

這種朋友，是一種介乎於愛情與友情之間的感情，妳會在偶爾的時間默默地想念他，想起他時，心裡暖暖的，有一份美好、有一份感動。在憂愁和煩惱的時候，妳會想起他，妳很希望他能在你的身邊，給妳安慰，給妳理解，而妳卻從沒有向他傾訴，妳怕屬於自己的那份憂傷回妨礙他平靜的生活。妳會因為一首歌曲、一種顏色，想起他，想起他的真摯、想起他的執著、想起他那曾經一起經理過的風風雨雨。因為有了這樣一個朋友，妳會更加珍惜自己的生命、熱愛自己的生活，因為妳知道他希望你過得很好，他希望妳能好好的照顧自己，再見面時，他希望妳能告訴他妳很幸福。

多元化的社會造就了多元化的情感，「壞」女孩的情感世界豐富而細膩。不要以為她們放縱，因為她們真情、真性，因為她們熱愛生活，更懂得生活。

3.「壞」女孩的「藍顏」故事

快樂要分享，就更加快樂，憂愁要分擔，就不再憂愁。

情感的「異類」走廊

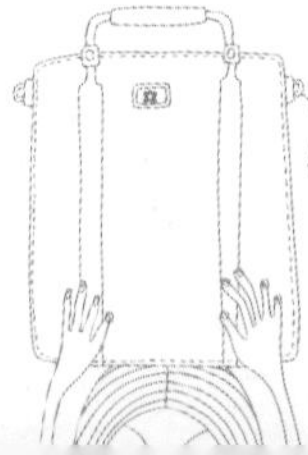

和林君的交情算起來也有十幾年了，他是我少數幾個從國中交往到現在的「死黨」之一，應該是「藍顏」中比較經典的知己。有時候自己都感到奇怪，外表高大、帥氣，又有一顆赤子般的心，我怎麼對他就是不來電呢？也許正是這種「不來電」的感覺讓我們之間的友誼持續了十幾年。

曾和林君的一個好友拍拖，當然是在他的撮合之下。那時常常是三個人同進同出、同吃同玩。後來和男友分手，本以為連同和林君的友誼也將一起失去，誰知他拍拍我的肩說，不管你們如何，我和妳永遠是朋友。我感動得淚如雨下。大學畢業後，我南下到深圳，與他的全部聯繫只成了偶爾的一個長途電話。一年中秋夜，因與丈夫吵架，我一怒之下住進了酒店，我先打電話給一女友，她極為支持我，讓我住下去，給他點顏色看看。我心裡很亂，就打電話給他。電話那端傳來他的聲音，「妳收拾一下回去吧！在他還沒有發現妳離家以前。」

千里之外的我心中一股溫情流動。我一路回家一路想，縱使一百年不見，這個讓我馬上回家的人仍是我的心靈捕手。生命中能有這樣一位知己，就像有了一個特殊的走廊，妳能從這個走廊走到生命中的任何一個地方。

令人心醉的「藍顏知己」

有人說，把快樂講出來，你的快樂就會多出一倍；把憂愁講出來，你的憂愁就會少掉一半。過去我們常常見到兩個愉悅或者悲傷的女人在一起竊竊私語。但是今天，當戀愛中的女人或已走進婚姻的女人有了煩惱時，往往不會再去和那些要好的女朋友說悄悄話，而是找知心的男性朋友去傾訴。能做「藍顏知己」的男人，必是男人中的極品。能擁有「藍顏知己」的女子，必是女子中善解人意的聰明者。

女性在成年之後要承受來自多重角色的壓力，在精神上其實是非常需要一些強而有力的支援。這時，「藍顏知己」就顯得非常重要。「藍顏知己」往往都是女性的死黨朋友，認識的時間很長，也彼此相互瞭解而且信賴。你與這種「藍顏知己」之間沒有愛情，卻又比一般朋友間多一份肝膽相照，更不用擔心時間久了友情會淡漠。

生命中無法承受之輕

他叫我「色女」，我稱他「色男」，我們是不折不扣的哥兒們、「藍顏知己」。

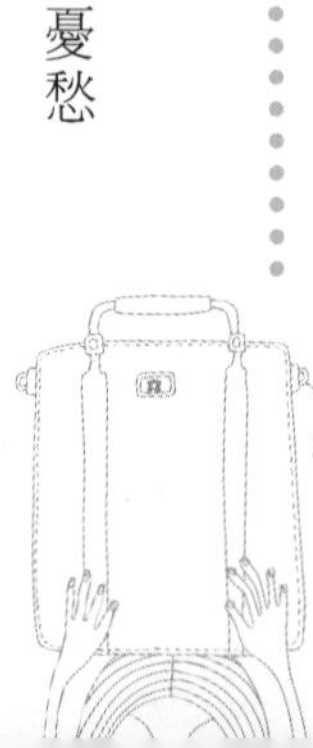

我們就像兩個光潔的玻璃球，彼此照耀著各自枯燥的生活，再近也保持著一釐米的距離。我們一起在酒吧裡吊帥哥、泡美女，大聲說話、大口喝酒。我經常用來形容他的詞無非是「紈袴子弟」、「花心大蘿蔔」，而他則稱我為霸道、沒心沒肺的小妖女。他是我生活中堅實的後盾，幫我客觀分析男人的本性，給我出謀劃策。比如與男友相處時要注意些什麼問題、情人節應該送男友什麼禮物最好……等等。我們一起感受生活，卻從未燃起愛的火花，直到他真的離開我的那一刻。他走了，成了天國中的一分子，這時我才感受到他對我的意義。「藍顏知己」不知何時成了我生命中最重要的依託，原來我曾那麼接近愛情的幸福。

4.同性眼中的友情與愛情

別誤會，這裡的愛情可不是GAY！

倘若與自己的好姐妹同時愛上了一個男孩，該怎麼辦呢？一邊是堅不可摧的友情、一邊是朝思暮想的愛情，為什麼偏偏喜歡你呢？是爭個你死我活，還是各自放手、彼此祝福？

當愛情遇到友情

總能在影視劇作中看到此類場景：兩個要好的女孩同時愛上了一個男孩，她們為此痛苦掙扎，要麼決裂、要麼放棄。類似於原始性的競爭，為了贏得愛情，友情似乎也是可有可無的。愛情是獨佔性的，當要好的姐妹成為情敵的時候，友誼無法避免地要承受考驗了。與形形色色的現代「壞」女孩相比，傳統的好女孩們似乎更能平衡友情與愛情的衝突，而奇特的是友情往往因愛情而生。在N女共侍一夫的傳統社會，女孩們在潛意識中從未將愛情視作唯一和獨佔的。儘管也希求獲得獨寵，但內心仍願與其他女孩和平共處，甚至結成「閨中密友」。還要提到不久前熱播的港劇《金枝玉孽》，皇宮中的女孩們成了故事的主角，她們共有一個丈夫，互相排擠、互相慰籍。有的女孩為了能將好友解救出樊籠，寧願自盡；有的女孩會義結金蘭、相互扶持，雖說故事純屬虛構，但不難看出女孩們在對待愛情與友情上與現代「壞」女孩有著截然不同的感受與想法。峨皇、女英一直是傳統社會公認的女性楷模，她們共愛一個男子，彼此間又毫無隔閡。

截然不同的是，現代「壞」女孩追求愛情的唯一、完美，一旦出現「競爭」的狀況，受損的幾乎就是友情。就以八卦的舊聞來說，本來要好的女孩，因為一

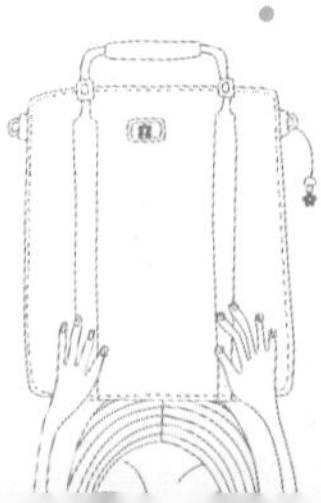

個男孩的出現而最終決裂，至今仍形同陌路。其中一個女孩認定另一個女孩橫刀奪愛，而另一個女孩不做任何解釋，因為重要的是愛情的結果。通常的模式是「壞」女孩們不是享受「勝利」的果實，就是灑脫的遠走高飛，友情很難再繼續下去。如果想再敘情誼，恐怕要等到花兒也謝了。

從小學到大學，她和她都是形影不離的好姊妹，好得就像一家人。同樣的左撇子、同樣的喜歡劉若英、同樣的愛吃炸醬麵。過多的相似性使她們感受到了友情的歡愉，然而也因為過多的相似性使她們愛上了同一個大學裡的男同學。結果當然是不幸的，其中一個女孩贏得了男孩的愛情，而另一個女孩同時遠離了愛情和友情。儘管她們試圖恢復從前的親密，但男孩的身影不時地橫亙在兩人心中，尷尬、無語。多年後，兩個女孩各自成了家，沒有了那個男孩的身影，創傷也隨著時間的漸漸流逝而癒合。談起那段往事，兩個女孩心有靈犀的笑了。沒有誰對、誰錯，只是那段青春歲月在痛苦和無奈中迷失了愛情與友情。

本是互不相干的情感，卻在交錯中衝突、矛盾。個性的「壞」女孩們不再為保留友情而違心的退卻，真心祝福的同時也會為自己的幸福奮力一搏。

5.小結

我們一直都在說人與動物最大的區別就是有感情，然而情感又是最為「剪不斷理還亂」的內心世界。女孩，生性多愁善感，情感的需求勝於男孩，友情也好，愛情也罷，真心投入的感受是最重要的。同性也好，異性也罷，擁有純潔的友情是足以令人稱羨的。每一樣，現代女孩們都在用心的感受。面對愛情與友情的抉擇，她們不同於傳統好女孩的「兼容並蓄」，她們恣意的跟著感覺走，從戀人到「藍顏知己」，再到「哥兒們」、朋友，生活多彩而豐富，用整個身心體會著情感的意義，體驗其中的酸、甜、苦、辣。「壞」女孩們在愛情與友情的世界中「壞」得放縱、「壞」得動情、「壞」得真誠。無論做出怎樣的選擇，現代「壞」女孩都是在循著心的軌跡感悟生命。

第五節　友情與事業

也許是兩個互不相干的問題，卻突然被混在一起。一般來說，友情和事業幾乎沒有互相衝突的地方。一個是與他人的情感、一個是個人事業的奮鬥，甚至有

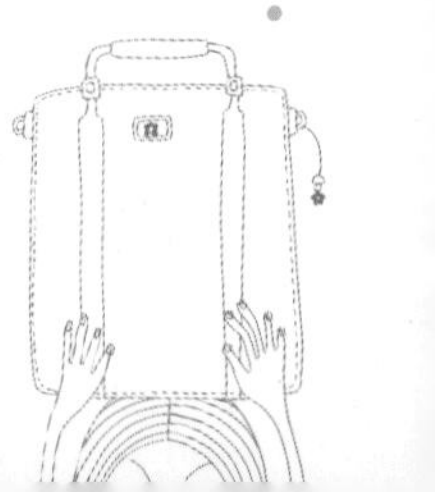

時還能相互促進，在事業的奮進中結成親密的友情。傳統女性想必沒有此類的困擾，然而自從女性參與社會工作以來，事業成了女孩生活中必不可少的重心。而為了能更好的實現自我的才能與理想，競爭變得愈加殘酷。與此同時，友情在激烈的競爭面前往往面臨嚴峻的考驗。是敵、是友，女孩們陷入了痛苦的抉擇中。

正所謂「同行是冤家」，當面對共同的事業發展時，友情，有時難免會變了質。不可否認，有些女孩堅守了友誼，而也有些女孩做出了無奈的選擇。或許她們被冠上了「壞」的名號，然而其中的酸、甜、苦、辣恐怕只有自己才能深刻體會。

告別了三年的歡樂歲月，她和她迎接了大四的特殊時光。身為同專業的朋友，她們一直形影不離，相處甚歡。為了給自己的未來開闢一條新的出路，她們一同參加了國家公務員考試，誰也沒有抱任何希望，因為競爭太激烈，參加只是給自己一個心理安慰。結果出乎意料，其中一個女孩通過了筆試，而另一個女孩失敗了。緊接著是震驚，因為通過筆試的女孩並不起眼，而另一個女孩一直是班裡數一數二的佼佼者。落敗的女孩有些質疑，心裡一時很不是滋味。漸漸地，言語間流露出嫉妒和豔羨。另一個女孩不想為此說些什麼，她能夠理解她的心情。但隨著畢業日期的接近，兩人的關係逐漸疏遠了。儘管她們都曾試圖為恢復以往的歡樂時光做些什麼，但心裡的芥蒂卻很難消除。因為她們不只是朋友，更是事業上的競爭對手。雖然誰也沒有明說，但心裡都清楚在事業的發展上她們是互相較量的。

剛剛一起來到一家公司的時候，彼此歡呼、雀躍，慶幸大家的緣分。雖然不在同一個部門，但對於仍能延續大學時光是開心的。一年過去了，各自的職位發生了些許變化，但她們並不介意，因為還是一如以往的開心。三年過去了，其中的一個姐妹成了高層的主管，而另一個姐妹卻面臨未來去向的選擇。不再那麼單純的開心了，有離別的辛酸，更有無語的尷尬。友情就這樣被現實無情的沖刷、褪色了。

現代的「壞」女孩用自己的堅強與不屑掩飾著內心的失落與無助。傷感，但仍要繼續向前走；孤獨，但仍要勇敢面對。「壞」不應該是對她們唯一的評價。女孩們需要友情，誰會願意無人傾訴衷腸呢？然而，現代女孩對事業的重視與追

求、競爭的激烈和殘酷，使得她們不得不面臨更多的難題。魚與熊掌往往不可兼得，期待「壞」女孩的最佳選擇！

第五章

男生們說：「我喜歡壞女孩。」

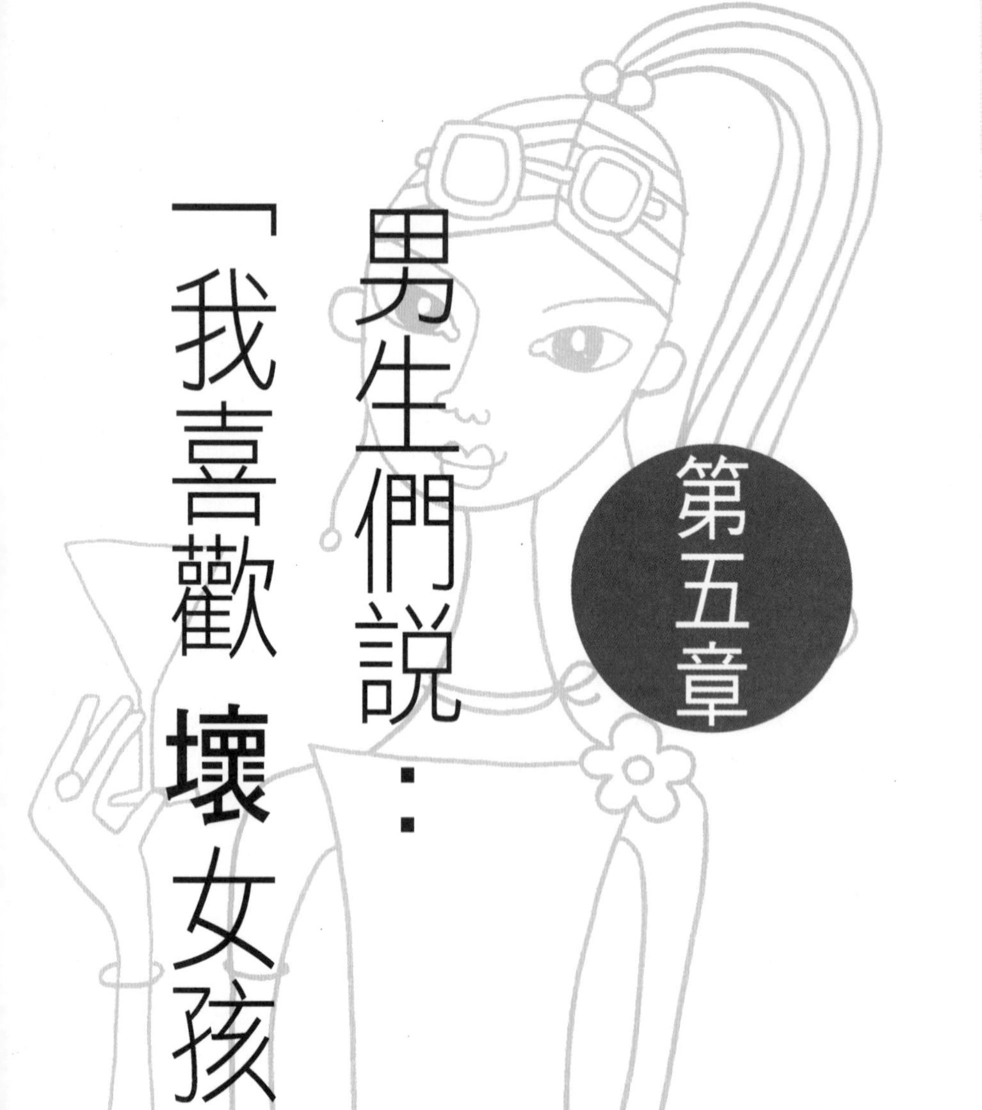

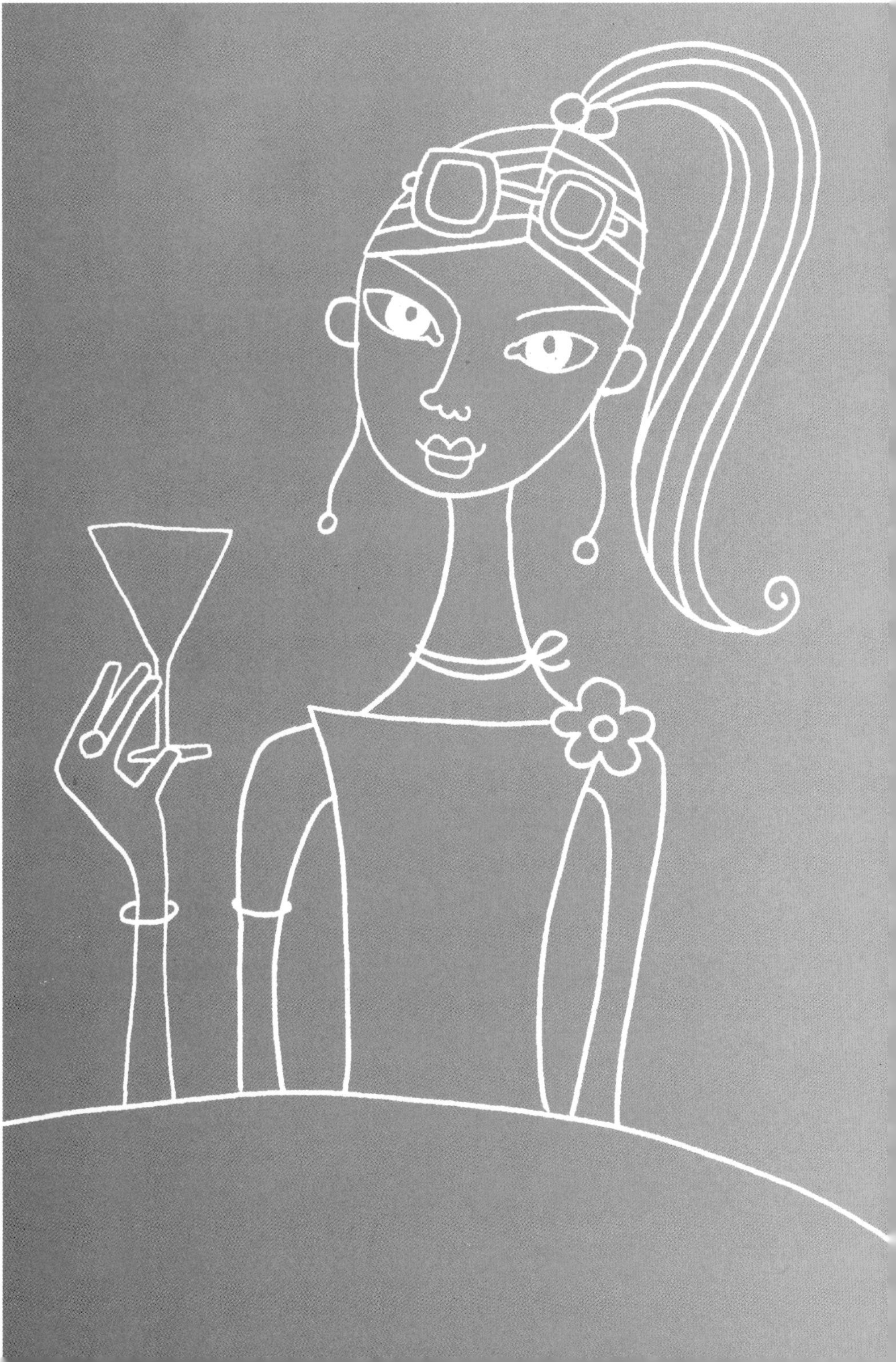

第五章

男生們說：「我們喜歡『壞』女孩！」

這是一個只愛「壞」女孩的男孩的自述：

從我進入青春期開始，我就如一隻失伴的孤雁，在萬里長空中哀鳴，在茫茫人海中苦苦尋覓我的那一半，可是我不知道，我的那一半到底在哪裡？多年沒有結果的苦尋苦覓，使我懷疑上帝當初可能沒把我的那一半扔下來，而是遺落在祂那只魔力無窮的冷藏箱裡。

我覺得只有「壞女孩」才是我生命中的另一半，她應該是敢怒、敢喜、敢笑、敢罵，不為世俗所左右。我不強求她服從我，而是希望她能成為我生活的主宰。我不要她為我做飯，我會把可口的飯菜送到她手上，她還絕對可以對我挑三揀四，頤指氣使，乃至在不高興的時候將我新買給她的時裝撕成碎布條，那布條

撕裂的聲音一定是人世間最美妙的音樂。

朋友們說我有自虐和被虐待的傾向，可是他們哪裡能理解我心中最深層的情感呢?在這個令人厭倦的世界裡，溫、良、恭、儉讓我感到消極委靡，好女孩的「溫順」無法點燃我生命的激情，我的生命之「火」需要的是「油」而不是「水」。

或許你會因無法理解而哭笑不得、或許你會因「同病相憐」而惺惺相惜。與傳統的好女孩相比，「壞」女孩的確「夠味」，所以也就不難想像為何會有如此情迷「黑天鵝」的癡情漢了。《我的野蠻女友》中無時無刻被整卻越愛越深的「憨牛」、《我的野蠻師姐》中「沈浸」在女警女友「酷刑陷阱」無法自拔的物理老師、酷愛看晴雯撕扇子的賈寶玉……等等，放眼望去，生活中這樣心甘情願受折磨的男孩大有人在，例如：「二十四孝」男友般鞍前馬後，一大早跑到圖書館給她占位子，休息時是她的枕頭，鞋掉了可以蹲下身為她提鞋，為了讓她回心轉意可以在大冷天裡矗立五、六個小時。不禁驚呼：這個世界究竟是怎麼了?答案其實很簡單——男生們說：「我們只愛『壞』女孩！」

回眸歷史，似乎好女孩才是受人青睞的，其實，那只是「假象」。說是「假象」，並非否認好女孩的魅力。只不過，從男孩的真實心理說，「壞」女孩始終是他們心中的「痛」。與「壞」女孩比較起來，好女孩的一切就像白開水一樣，顯得蒼白無力。「壞」女孩則如醇香誘人的烈酒，使人迷醉。男孩們明知「白開水」有益身體健康，但依舊抵擋不住「美酒」的芳香，禁不住「聞」上一「聞」、「嘗」上一「嘗」。不是有這樣的說法——好女孩是用來做老婆的，而「壞」女孩是用來做情人的。或許有些偏頗，然而從中不難看出人們對「壞」女孩魅力的認同。

在易中天先生的《中國的男人和女人》一書中，女性身為獨立的一方，被分門別類的詳細闡釋了一番。根據社會角色的不同，從「妻」到「妾」、從「婢」到「妓」，雖都是從屬於男性的位置，但各有不同。從富含魅力的女性來說，角色越不正經，似乎越是「壞」得有味、越是具有吸引力。例如：「妾」之所以比「妻」更受寵，就在於在家庭中「妾」更能讓丈夫感受到女性的特質；而之所以在傳統社會中有那麼多男性對「妓」趨之若鶩，想必她們身上最具有「壞」的魅力。對於男孩而言，想念一個「妖精」是心中永遠的痛。

商紂王因寵愛美女妲己而誤國、誤民，因為她不僅美，而且「壞」得醉人；周幽王為獲得褒姒一笑而「烽火戲諸侯」，因為她從未對他笑過，越是冷淡越是被吸引；武則天即便是在感業寺出家，依然使唐高宗「魂牽夢縈」，因為她與眾不同，「壞」得有個性；唐明皇一生摯愛楊貴妃，除卻她的美貌外，其性格的魅惑力也是不容小看的，她讓他體會到了民間夫妻的樂趣，而不再是嬪妃對帝王的恭敬。這些家喻戶曉的「壞」女孩用各自的「實際行動」為我們揭示出了一個顯而易見的事實：男孩更加喜歡「壞」女孩！

聽起來似乎有些矛盾：既然覺得「壞」女孩「壞」，那為什麼還對她們產生「無盡的愛」呢？這種感覺有點類似吃「麻辣鍋」——雖然知道它很辣，而且容易上火，但依舊無法忘懷其特有的美味，禁不住「吃了又吃」。人類特有的「探索」能力也對此現象有所助益。「壞」女孩似乎永遠也猜不透，像個謎，總是能引起異性的好奇。而好女孩純淨如水，一眼就能望穿，男孩自然而然失去了興趣。這也就不難得出以上結論：男孩更愛「壞」女孩。

自古以來，「壞」女孩一直被賦與一層神秘的面紗。傳統社會多半賦與其負面評價，猶如「蛇蠍心腸的惡毒女性」。而現代社會則多半賦與其個性、獨立、張揚等色彩，這就更加吊起了人們的「胃口」，總想親身接觸一下。無論在古時，還是在現代，社會層面所賦與的客觀因素，都會對如何對待「壞」女孩有著不可忽視的作用。正如所回顧的那樣，在封建禮教甚嚴的傳統社會，女性處於從屬地位，天性的活潑、純情、野性被壓抑得消磨殆盡，那些「膽大妄為」的「壞」女孩被視為典型的叛逆分子。因此，「壞」女孩往往被定義為具有魅惑性、妖冶、幹政等等特點，簡言之，即反傳統。只要她的行為不合乎禮法、違反常規，人人可得而「誅」之。所以，按照這個邏輯推理，褒姒、妲己是「禍國殃民」的「罪魁禍首」、武則天是「有違常理」的異類女性、潘金蓮是「十惡不赦」的淫蕩女子。然而，具有諷刺意味的是，這些「大逆不道」的女子無一不令男性著迷、傾倒。她們「壞」的地方也正是吸引人的魅力所在。

有一個商家分別從香港和日本進口了同一類型的玩具，以同樣的價格出售，然而乏人問津。於是，商家想了一個辦法：提高從日本進貨的玩具的價格。形勢一下子發生了逆轉，很多顧客覺得既然made in Japan 的玩具價格高，說明這個產

品品質比較好，於是紛紛搶購。隨後，商家又將從香港進貨的玩具以打折的方式按先前的價格出售，顧客們覺得這有利可圖，也競相購買。誠然，女孩不是商品，但從這個小故事中可以感受到那種相似的心態——物以稀為貴、距離產生美！

當大街小巷處處都是溫婉可人的好女孩時，人們，尤其是男性，很容易產生「審美疲勞」。因為這樣的好女孩太常見了，比比皆是，沒有絲毫的新鮮感。與此同時，作為鮮明的對比，「壞」女孩「千年等一回」，如流星般吸引人的目光，哪怕是以鄙夷不屑的眼光橫眉冷對，其間也夾雜著些許好奇和審度。於是，就不難理解為何在傳統社會好女孩大行其道的同時，還會有那麼多的男性流連於青樓歌妓的聲色犬馬中。不同於家中正襟危坐的「妻」，也不同於整日癡纏的「妾」，那些被鄙視的「壞」女孩曼妙多姿，實非常見。

相對於傳統社會的保守、壓抑，現代社會賦與女性（尤其是「壞」女孩）更多的接納與欣賞。不再被當作「異類」排斥、不再只是處於社會底層女性的代名詞、不再是被否定和厭惡的角色。大環境的變化、輿論的不同，給「壞」女孩的

「蓬勃發展」帶來了全新的契機。由於漸漸得到了社會輿論的正面評價，「壞」女孩們開始更加有恃無恐的展現她們特有的美、與眾不同的風格。濱琦步的「豹妹裝」、王菲的「熊貓眼」、鄭秀文的「曬傷妝」，近日來全智賢又在廣告中上演了「發瘋撕扯晚禮服」的一幕，著實讓人體會了「壞」女孩的「殺傷力」。輿論「風向」的改變，讓諸多男孩看到了「壞」女孩「真我的風采」，並感受到了她們有別於好女孩的實實在在的魅力。由好奇轉為欣賞、由壓抑轉為接納，於是乎，儘管世事變遷，但男孩們越來越被吸引，越來越多的聲音在疾呼：我們更喜歡「壞」女孩！

正如自述中的那個男孩，越來越多的男孩迷戀於個性迥異的「壞」女孩。她們時而像天使、時而像妖女、時而純真、時而神秘。不似好女孩般文靜、不似好女孩般順從、不似好女孩般「笑不露齒」，然而，她們更願意展露真實的自我，更願意做獨立、有個性的自我。像謎一樣的女孩，又有誰會不動心呢？

這是一個沈浸在「姐弟戀」中無法自拔的男孩的心聲：

喜歡她成熟的氣質，不像小女生那樣喜歡粘著人，但充滿情趣和睿智。和她

在一起，我總是感到有活力，從她那裡既能得到包容，又能擺脫掉「毛頭小夥」的幼稚感。有時我猜不透她的想法，神神秘秘的，而這正是令我著迷的地方。她不會因為一點小事而吵鬧，反而有時會和我很疏遠，若即若離的。我希望能永遠和她在一起，但她似乎從來都沒想過要和我結婚，總是對我說應該找個端莊、賢惠的好女孩。可是我只喜歡她，年齡不過是個數字而已。在我眼裡，她是最有生活情趣的人。雖然在外界看來她是個另類的女孩，但這就是她，那個讓我喜愛的「壞」女孩。

正所謂「人各有所好」，儘管社會環境對好女孩和「壞」女孩的評判標準發生了顛覆性的變化，但不可否認的是，發揮最為關鍵作用的仍是人本身。現代社會人們以接納和欣賞的眼光審視「壞」女孩，但倘若所有的男孩都不喜歡「壞」女孩，又有什麼意義呢？男孩們高喊著「我們更愛『壞』女孩」，是因為在主觀上他們對「壞」女孩青睞有加。無論是傳統社會的貶斥，抑或是現代社會的欣賞，都可以見到古今男子們「前仆後繼」的更喜愛「壞」女孩，這足以證明主觀因素所發揮的不容忽視的作用。

儘管受傳統思維的影響，男孩在潛意識中都知道好女孩更適合交往，但就像心理慣性一樣，仍不免被「壞」女孩的魅力征服。好女孩像水，「壞」女孩像酒，酒不醉人人自醉。看來男孩們是無法逃脫「壞」女孩的「魔掌」了。因為你不能不承認，「壞」女孩更具有觀賞性，她們一手創造這個世界的故事和風景。

與後天調教出來的好女孩相比，「壞」女孩猶如一塊未雕刻過的璞玉，周身充滿著天然的美，這自然使男孩們眼前為之一亮。男性天生具有征服欲，「壞」女孩的與眾不同能從心理上滿足這種需求。同時，「壞」女孩像一潭湖水，深不見底，偶有波瀾更讓人充滿興致。就像唐明皇和楊貴妃，雖然他也知道梅妃更加賢惠、明理，但內心更加情迷楊玉環的嬌嗔，那種「壞壞」的感覺。相信幾乎所有的男孩多多少少都有這種「妖女」情結。哎，果真是「女孩不壞、男孩不愛」呀！

男孩們高喊著「我們更愛『壞』女孩！」，那身為第二性的女孩們又當如何自處、如何應對呢？古人云：「女為悅己者容。」得到異性的欣賞是每個女孩的心願。哪個女孩都希望自己在男孩眼中是出眾奪目的，可是女孩的個性與魅力傾向

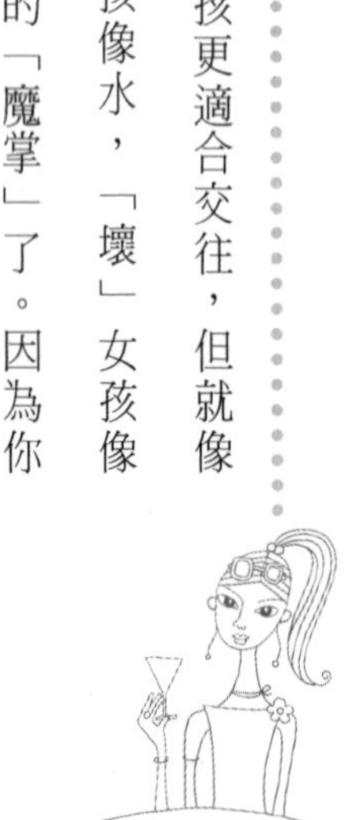

就是要以男性為中心的嗎?想必這與「壞」女孩的初衷是完全背離的。

雖然我們都在讚賞「壞」女孩的種種與眾不同，但這並不代表好女孩一無是處。水不如酒香醇，難道就沒有絲毫的可取之處嗎?當然不是。好與壞是相對而言的，因為有了好女孩溫婉賢良在先，才有了「壞」女孩個性張揚的野性。兩者並不矛盾，男孩要選擇哪種類型的女孩更適合他，而女孩要考慮哪種類型才是真正的自我。

有種說法，即「壞」女孩是現代社會消費時代少女革命的表現。或許可以這麼解釋，但「革命」顛覆的到底是什麼呢?是好女孩還是自身對男性的另一種取悅?不錯，現在有不少的少女裝扮出很酷的樣子，和社會行為規範格格不入。但是，如果追根究底就會發現，她們扮酷，是為了引人注目，甚至令人(特別是男性)讚賞。那麼這種酷和當年女子裹小腳、束腰有什麼不同?又有多少革命的意義呢?很多「壞」女孩的叛逆缺少真正自覺的女性意識和真正敢於背離男性社會制度的勇敢。表面上看似叛逆，本質上卻是流行。

倘若為了取悅異性而故意耍「壞」，那就失去了「壞」的本真喪失了「壞」的獨特魅力。真實的才是最美的！身為女孩，妳本性是怎樣的，就會是怎樣的。刻意的模仿、表現，只會讓自己迷失在「流行」的荒野中。不必為自己不是全智賢那樣的性感型野蠻女友而自卑、不必為自己沒有安吉利娜・朱莉那般野性而苦惱，更不必為自己沒有張曼玉般高貴神秘的氣質而黯然神傷，因為妳雖不是典型的「壞」女孩，但依然具有自己獨特的魅力。好女孩一樣的會被男孩喜愛，因為那是最真實的妳。

當然，妳可以不時地增添些「壞」的氣息，只要那是自然流露的，就是最美、最吸引人的。全智賢的「野蠻女友」固然有「暴力傾向」，但她勝在本真。她那充溢在內心的感情是深情的、是真摯的。王菲不愛刻意的招呼歌迷，總是自顧自的在舞臺上哼唱，管他明不明白，因為那就是她，獨一無二的她，而深受歌迷的青睞。張曼玉遊走在東西方之間，並不時常出現在公眾面前，但這並不妨礙她成為fans心目中永恆的女神。原因也是只有一個——這就是真實的她，無論你喜不喜歡。

妳可以自在的遊走在好女孩與「壞」女孩之間，沒有是與非的衡量，一切皆

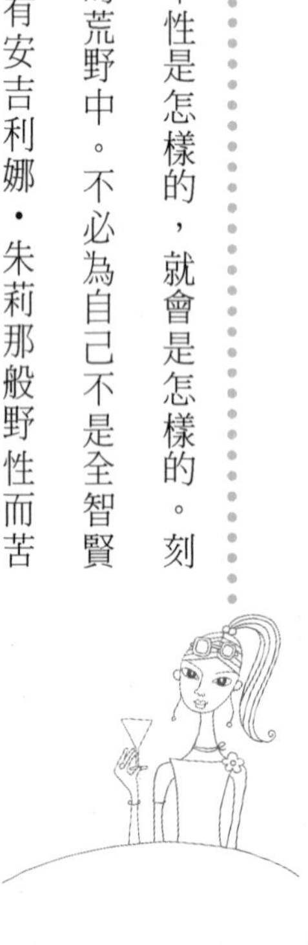

因裡面的魂靈是真正的妳。不是有句話——不是因為美麗才可愛，而是因為可愛才美麗！

感謝男孩們以真誠的心喜愛「壞」女孩的一切，包容她們、欣賞她們、深愛她們。或許在旁人眼裡妳和她一樣夠另類，但幸福曉得妳的心在哪裡。

「壞」女孩們為生活塗抹上了絢麗的色彩，用真實的心點綴著自我、用恣意的美詮釋著自我、用特別的愛表達著自我。

願所有的美眉「壞」得快樂，「壞」得夠味！

後記　消費時代的女孩多重奏

或許令人瞠目結舌、或許讓人意想不到，女孩們的「日新月異」足以讓我們的心臟承受巨大的「考驗」：她們染髮、短髮甚至光頭，黑色的嘴唇、冷冷的表情；她們抽菸、喝酒、說髒話、旁若無人的大聲談笑或尖叫；她們遊蕩於夜晚的酒吧和Party，毫無顧忌地直視別人，願意和所有的人調笑；她們穿梭在街邊曬太陽，吸引眾人的目光，用那種幾近「無羞恥感」的直接坦然和挑釁逼人的眼神說：我就是喜歡！

妳可以嗤之以鼻，但總會在無人時悄悄地問自己：我真的落伍了嗎？正在考慮「細肩帶」是不是太過暴露的時候，她們早已無所謂的以「小可愛」示人；還在思索自己是否太不「淑女」的時候，她們早已將溫婉、典雅的標準拋到爪哇國去了。這個世界變化快，快得讓人目眩神迷，來不及思索。

偶像、名牌、情調、物欲、個性，這一切都為消費時代的到來銘刻上了深深

的烙印。都說女孩們在進行著一場革命，由好及壞、由表及裡。不再是賢惠、善良一個標準，也不再是只甘心做亞當的一根肋骨，每一個角落都有女孩們「蠢蠢欲動」的身影。嫵媚、俏皮、野蠻、冷豔、孤傲、另類，每一個她們都給生活抹上一筆色彩。有時會「眩」得讓人睜不開眼、有時會「酷」得讓人難以置信，多元化的社會為女孩們提供了一個前所未有的舞臺。猶如一首多重奏，能夠在每個音符間尋覓心動、撩撥情懷。當「壞」女孩的始祖瑪丹娜以自己的風采來詮釋消費時代的女性革命時，偶像的力量就已經初露端倪。隨後的濱琦步、廣末涼子、松田聖子都在以「身」示「心」，人們不禁驚呼：女孩變「壞」了！

我們可以在大街上欣賞各色「美女」，女孩們也樂於展示自我的美，傳統的、現代的、知性的、賢良的。如果把男人比作是一座山，那女人就是環山靈秀的水。因為有了水，山也煥發出了靈性。e時代的「壞」女孩「炫」出了另一種動人心魄的美，「秀」出了現代女孩們的個性魅力。然而，人們也會懷念記憶中的「小鳥依人」、「有位佳人，在水一方」。曾聽到過這樣的聲音——我們看膩了「壞」女孩，我們懷念逐漸遙遠的好姑娘。凡事物以稀為貴，流行過後就是「追憶似水年華」。好女孩的低調、「壞」女孩的張揚；好女孩的隱忍、「壞」女孩的「暴力相向」；好女孩的規矩、「壞」女孩的破壞……等等，所有的一切都是多元化社會的包容所在。壞女孩並非真的很壞，而是不聽話、非主流、超傳統、不守規則、衝破俗套。她們既「野」又「辣」、既冷酷又狂熱、既老練又天真，時而靜如秋水、時而奇思怪想、時而桀驁不馴、時而一驚一乍，總之我行我素，從來就沒譜。這世上其實沒有什麼真的「好女孩、壞女孩」，女孩的魅力也遠非「好、壞」的標簽所能簡單區分。正像「女子」湊在一起便是「好」，「少女」湊在一起便是「妙」，好女孩、壞女孩同樣妙不可言，都是如花的歲月與青春的自信所煥發出的迷人色彩！

好女孩需要向「壞」女孩學習表現與爭取，「壞」女孩需要向好女孩學習傾聽與妥協。好女孩需要「壞」女孩的張揚與瀟灑，「壞」女孩需要好女孩的含蓄與文靜。好女孩花樣年華，「壞」女孩青春無悔。好女孩上天堂，「壞」女孩走四方。

女孩們用消費帶動著自我內在的體現，用外在的個別表達著自我的價值和人

生。好女孩，「壞」女孩都是值得愛的精靈寶貝，每一個她們組成了多重奏華美的樂章。細細聆聽，能體會出生活的驚喜與多彩。消費時代的女孩有其固有的特質，可以說她們物欲、世俗，也可以說她們自我、張揚，但你無法無視她們的時代魅力，無法從心底忘記那種富有視覺衝擊的震撼。

我們是幸運的，女孩們如夢般的時代樂章已經奏響，靜靜地傾聽吧！

國家圖書館出版品預行編目資料

女孩不壞，男人不愛／林欣屏著.
初版－－ 台北市：宇河文化出版；
紅螞蟻圖書發行，2005〔民94〕
面　　公分，－－(Woman's Life ; 11)
ISBN 957-659-521-5 (平裝)

1.兩性關係

544.7　　94017397

Woman's Life 11

女孩不壞，男人不愛

作　　者／林欣屏
發 行 人／賴秀珍
榮譽總監／張錦基
總 編 輯／何南輝
文字編輯／林芊玲
美術編輯／林美琪
出　　版／宇河文化出版有限公司
發　　行／紅螞蟻圖書有限公司
地　　址／台北市內湖區舊宗路二段121巷28號4F
網　　站／www.e-redant.com
郵撥帳號／1604621-1　紅螞蟻圖書有限公司
電　　話／(02)2795-3656（代表號）
傳　　真／(02)2795-4100
登 記 證／局版北市業字第1446號
法律顧問／許晏賓律師
印 刷 廠／鴻運彩色印刷有限公司
電　　話／(02)2985-8985・2989-5345
出版日期／2005年10月　第一版第一刷

定價 200 元

ISBN 957-659-521-5　　Printed in Taiwan